Adham El-Khatib

Wichtige Themen zum Schreiben und Sprechen (Vor- und Nachteile)
B1, B2, C1

Designed by Freepik.com

D1370326

Wichtige Themen zum Schreiben und Sprechen (Vor- und Nachteile)

B1, B2, C1

2. Auflage 2020

© Adham El-Khatib

ISNB: 979-8613353866

Printed by Amazon.com

Inhaltsverzeichnis

Einführung und wichtige Tipps

Dieses Buch bietet Ihnen wichtige Themen und nützliche Gedanken für Schreiben & Sprechen (Sprachniveau B1, B2, C1). Dadurch können Sie die Prüfung vom Goethe-Institut, Telc, DSH oder TestDaF beim ersten Mal bestehen .

Es enthält etwa 120 aktuelle Themen, die in Form von "Vor- und Nachteilen" dargestellt sind. Wenn man die Vor- und Nachteile eines bestimmten Themas gut kennt, kann man in der Prüfung besser schreiben und sprechen. Außerdem enthält das Buch wichtige Wendungen, die sehr hilfreich beim Schreiben und Sprechen sind.

Ein wichtiger Tipp:

Das Thema vom Schreiben oder Sprechen bestehen aus drei Teilen:

- Einleitung
- Hauptteil
- Schluss

Die Einleitung

Die Einleitung soll kurz/ spannend sein und auf das Thema hinweisen. Man kann die folgenden Ausdrücke verwenden:

Sprechen:

- Sehr geehrte Damen und Herren/ Meine Damen und Herren,
- Mein Vortrag behandelt das Thema …
- Das Thema meines Vortrags ist: …
- In meinem Vortrag spreche ich über …

Sprechen & Schreiben:

- Es ist auffällig in der heutigen Zeit, dass
  ... sehr notwendig in unserem Leben geworden ist.
  ... ein fester Bestandteil unseres täglichen Lebens geworden ist.
  ... es eine Auseinandersetzung über... gibt
  ... viele Menschen unter ... leiden.
- Beides hat Vor- und Nachteile.

Der Hauptteil

Der Hauptteil muss das Thema gut diskutieren. Wenn der Student die Prüfungsfrage liest oder hört, soll er die Frage gut verstehen. Dazu ist Folgendes zu bemerken:

- Vorteile= Gründe dafür = Argumente für ... = Argumente pro ...
- Nachteile= Gründe dagegen = Argumente gegen = Argumente contra ...
- Auswirkungen der ...auf ...
- Negative Auswirkungen der/des ...
- Gründe für ...
- Beispiele von ...
- Intensität des Phänomens in Ihrem Heimatland
- Wichtigkeit der ...
- Stellenwert von ...
- Möglichkeiten der ...

Bei der Antwort kann man die folgenden Ausdrücke verwenden:

- Die Gründe des Phänomens sind...
- Dafür sprechen die folgenden Gründe:
- Dagegen sprechen die folgenden Gründe:
- ... hat viele Vorteile wie:
- ... hat aber auch viele Nachteile wie:
- Es gibt viele Argumente dafür wie ...
- Es gibt viele Argumente dagegen wie ...
- Es gibt viele negative (positive) Auswirkungen der/des ... auf (Akk.) ... wie...

Der Schluss

Der Schluss kann Ihre persönliche Meinung enthalten. Zur Prüfungsfrage ist Folgendes zu bemerken:

- Ihre persönliche Einstellung zu diesem Thema
- Ihre persönliche Erfahrung zu diesem Thema
- Ihre persönliche Ansicht in dieser Sache.

Bei der Antwort kann man die folgenden Ausdrücke verwenden:

- Abschließend kann man sagen, dass ...
- Abschließend möchte ich sagen, dass ...
- Zusammenfassend kann man sagen, dass ...
- Zusammenfassend möchte ich sagen, dass ...
- Schließlich kann man sagen, dass ...
- Schließlich kann man ohne Übertreibung sagen, dass ...
- Zum Schluss möchte ich sagen, dass ...
- Ich bin der Meinung, dass ...

- Ich bin der Auffassung, dass …
- Meiner Meinung nach ist …
- Hierzu kann ich aus meiner persönlichen Erfahrung ein gutes Beispiel anführen:
- Ich stimme diesem Trend zu.

Sprechen:
- Vielen Dank für Ihre Aufmerksamkeit.
- Vielen Dank für das Zuhören.

Das erste Kapitel: Wichtige Themen zum Schreiben und Sprechen (Vor- und Nachteile)

Designed by Freepik.com

Sollen junge Leute bei ihren Eltern wohnen?

designed by **freepik**

Es gibt einige Vorteile, Wenn die jungen Leute alleine leben, z .B.

- Sie hätten mehr Freiheit um viele Dinge zu machen, zum Beispiel erst spät nach Hause zu kommen oder eine Hausparty mit ihren Freunden zu machen.

Es gibt einige Vorteile, Wenn die jungen Leute bei ihren Eltern wohnen, z .B.

- Sie sparen die Miete.
- Sie müssen sich nicht um das Vorbereiten des Essens und das Aufräumen der Wohnung kümmern.
- Sie genießen diese warme Atmosphäre des Elternhauses, besonders wenn das Verhältnis zwischen den Eltern und den Kindern gut ist.
- Sie können den Eltern im Falle der Krankheit helfen, besonders wenn sie alt sind.

Es gibt einige Nachteile, Wenn die jungen Leute bei ihren Eltern wohnen, z .B.

- Sie können keine Hausparty mit ihren Freunden machen.
- Sie können selten Ihre Freunde zu Hause einladen, weil ihre Eltern das nicht mögen.
- Es gibt wenig Raum für persönliche Freiheit. Sie sind meistens von den Eltern abhängig.

Mit Freunden ausgehen oder Freunde einladen?

Designed by Freepik.com

Argumente pro „Ausgehen":

- Keine Vorbereitungen für Essen und Getränke.
- Man kann verschiedene Aktivitäten genießen z. B. ins Kino oder Theater gehen.
- Man sitzt nicht in den vier Wänden.

Argumente pro „Freunde einladen":

- Persönliche Atmosphäre
- Meistens billiger
- Man kann sich über private Themen unterhalten.
- Man kann verschiedene Aktivitäten genießen z. B. kochen und essen, Party, Computerspiele spielen, DVDs ansehen …usw.

Schuluniformen für Kinder

Designed by Freepik.com

Gründe dafür:

- Einheitliche Kleidung gilt als Gleichheit und zeigt weniger die sozialen Unterschiede.
- Nicht Alle Kinder können sich die neueste Mode leisten.
- Die Eltern können viel Geld und Zeit sparen, wenn jüngere Geschwister die Uniformen ihrer älteren Geschwister erben.
- Ein Gefühl der Zugehörigkeit und Disziplin.

Gründe dagegen:

- Kosten, insbesondere wenn die Kinder ihre Uniformen in der Mitte des Schuljahres erneuern müssen.
- Die Schüler sehen alle gleich wie Soldaten aus.
- Mangel an Freiheit: Viele Eltern beschließen, ihre Kinder nicht auf Schulen zu schicken, in denen Uniformen vorgeschrieben sind.
- Schuluniformen gelten als eine gewisse Gefahr, denn sie zeigen deutlich, in welche Schule deine Kinder gehen.

Computer

Argumente pro:

- Die Computer erleichtern im Berufs- und Alltagsleben viele Dinge.
- Computerkenntnisse haben bessere berufliche Vorteile.
- Die Computer ermöglichen den Zugang zum Internet, was zahlreiche Vorteile hat, z.B. Informationen erhalten/ Partner kennenlernen/ Unterhaltungsangebote ...etc.

Argumente contra:

- Lange Beschäftigung am Computer führt zu Isolation, Menschen verlieren den Kontakt zur realen Welt.
- Probleme der Hacker und Virenprogramme (die Informationen zerstören, stehlen oder missbrauchen).
- Computerspiele können süchtig machen.

Computerspiele

Designed by Freepik.com

Gründe dafür:

- Sie machen Spaß.
- Sie senken Stress und befreien uns von Sorgen.
- Man kann alleine oder mit Freunden spielen.
- Man erreicht schneller Erfolge als im richtigen Leben.
- Sie fördern Konzentration, Intelligenz, Fantasie und Kreativität.
- Sie fördern Englisch Kenntnisse.
- Sie gelten als billiges Hobby mit günstigen Preis.

Gründe dagegen:

- Sie können süchtig machen.
- Sie gelten als Zeitverschwendung.
- Sie können aggressiv machen.
- Man verliert die Realität.
- Sie können zum Schlafmangel führen, wenn man die ganze Nacht durchspielt.
- Sie können zum Bewegungsmangel führen.
- Sie kosten manchmal viel Geld.

Computer in der Grundschule

Designed by Freepik.com

Vorteile:

- Die Kinder gewöhnen sich an Computer als Arbeitsmittel, was zukünftig bessere berufliche Chancen hat.
- Der Computer enthält zahlreiche Lernprogramme.
- Erhöhung von Motivation und Interesse am Unterricht.
- Erhöhung von Schreibmotivation bei den Schreibfaulen Kindern.

Nachteile:

- Die Kinder spielen lieber mit dem Computer oder surfen im Internet.
- Die Handschrift und die Rechtschreibung werden ziemlich vernachlässigt.
- Das erfordert große Kosten für Computergeräte und Internetzugang.

Computerkenntnisse sind sehr wichtig in unserem Leben

Argumente pro:

- Fast in jedem Beruf arbeitet man mit Computern.
- Heute muss man E-Mails und Attachments verschicken können.
- Mithilfe vom Internet findet man Informationen zu jedem Thema.

Argumente contra:

- Viele Berufe verlangen keine (oder wenige) Computerkenntnisse, z.B. Koch, Busfahrer und Kellner.
- In einigen Gebieten sind spezielle Kenntnisse wichtiger als Computerkenntnisse, z.B. Medizin und Fremdsprachen.
- Die Berufs- und Lebenserfahrung älterer Kollegen ist wichtiger als Computerkenntnisse.

Mögen Kinder Kino lieber als Theater?

Designed by Freepik.com

Argumente pro Kino:

- Große Leinwand und große Lautsprecher
- Filmische Tricks schaffen eine Phantasiewelt.
- Oft verwendet man im Kino dreidimensionale Produktionen.
- Interessante Verfilmungen von Kinderbüchern.

Argumente pro Theater:

- Verschiedene Theaterformen wie Puppentheater und Kindertheater.
- Das „live"-Erlebnis holt die Kinder ins Geschehen.
- Didaktischer und bildender Charakter.

Lieber als Einzelkind oder mit Geschwistern aufwachsen?

Designed by Freepik.com

Argumente pro "Einzelkind":

- Man muss die Liebe und das Interesse der Eltern mit niemandem teilen.
- Die Eltern haben mehr Geduld bei der Erziehung.
- Die Eltern können mehr Geld für das Einzelkind ausgeben.

Argumente pro „Geschwister":

- Das Kind lernt Sachen mit anderen zu teilen.
- Im Vergleich mit den Geschwistern lernt man seine eigenen Stärken und Schwächen früh kennen.

Sind Museen langweilig?

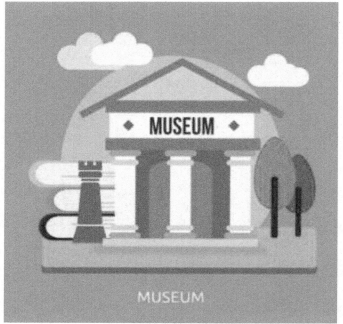

Designed by Freepik.com

Argumente pro:

- Alles steht, liegt oder hängt. Es gibt keine Bewegung wie z.B. im Kino.
- Man darf nichts anfassen und muss ruhig sein.
- Ausstellungen sind oft so groß, dass man bei einem Besuch nicht alles sehen kann.
- Bei Führungen sind die Gruppen meistens so groß, dass man nicht alle gut hören und verstehen kann.

Argumente contra:

- Viele Museen wirken mithilfe der Technik sehr lebendig.
- Museumpädagogen bieten spezielle Führungen oder Workshops für Kinder an.
- Durch die Kataloge zu einer Ausstellung erhält man viele interessante Informationen.

Freier Eintritt in Museen

Designed by Freepik.com

Argumente pro:

- Viele Eintrittspreise sind so teuer, dass eine Familie sich nicht leisten kann.
- Die Zahl der Besucher wird sich steigern.
- Etwas gut zum Bildung besonders für die Studenten.

Argumente contra:

- Viele denken „was nichts kostet, hat auch keine Qualität"
- Es gibt Privatmuseen, die man nur mit Eintrittsgeldern besuchen kann.
- Für Kino, Theater und Oper zahlt man auch, dann soll man auch für Museum zahlen.

Ist Fußball das beste Spiel?

Designed by Freepik.com

Argumente pro:

- Fußball begeistert alle Altersgruppen (Männer, Frauen und Kinder).
- Man kann viele Spiele verfolgen entweder im Stadion oder im Fernsehen.
- Fußball ist gekennzeichnet durch große Veranstaltungen z.B. die Championsleague und die Weltmeisterschaft.
- Durch Frauenfußball hat dieser Sport noch mehr eine Bedeutung.

Argumente contra:

- Es gibt immer wieder Skandale z.B. manipulierte Spiele und bestochene Schiedsrichter.
- Spitzenspieler sind kostbar wie Gold und verdienen viel Geld.
- Rassismus für die Nationalmannschaft.

Hektik oder Stress bei der Arbeit

Designed by Freepik.com

Es ist auffällig in der heutigen Zeit, dass Stress ein fester Bestandteil unseres täglichen Lebens geworden ist.

Die Gründe des Phänomens sind:

- Multitasking in der gleichen Zeit.
- Probleme mit der Priorität von Aufgaben.
- Fehlende Informationen.
- Mangelnde Managementfähigkeiten oder unklare Führung.
- Druck vom Chef.
- Schwierigkeit der gegebenen Aufgaben.
- Unrealistische Zielsetzungen.
- lange Arbeitszeit und weniges Gehalt.
- Reduzierung der Mitarbeiter um Geld zu sparen. Das macht Stress für die anderen.
- Unangenehme Kollegen und gemeiner Büroklatsch.

Es gibt viele negative Auswirkungen des Stresses wie:

- Körperliche Erkrankungen wie: Bluthochdruck, Herzinfarkt, Diabetes, Kopfschmerzen, Magenprobleme … usw.
- Psychische Erkrankungen wie: Ärger, Nervosität, Aggressivität und Inflexibilität.
- Reduzierung der Konzentrationsfähigkeit.
- Steigerung der Fehler.
- Gefühl von Müdigkeit, Mattheit und Schwäche.
- Mangelnde Aufmerksamkeit auf die richtige Ernährung.

Es gibt einige positive Auswirkungen des Stresses wie:

- Eine bessere Reaktionsfähigkeit.
- Eine bessere Aufmerksamkeit.
- Beschleunigung der Hirnaktivität.
- Beschleunigung von Entscheidungen.

In meinem Heimatland beobachtet man dieses Phänomen viel in den Großstädten. Das Leben ist ruhiger auf dem Land.
Meiner Meinung nach ist, dass Stress schädlich für die Stabilität der Arbeit ist. Hierzu kann ich aus meiner persönlichen Erfahrung ein gutes Beispiel anführen: Ich habe in einem Unternehmen gearbeitet, wo es Stress und Druck vom Chef gaben. Die Mitarbeiter begannen von Zeit zu Zeit einen anderen Beruf zu suchen und die Arbeit zu verlassen.

Das Behalten von Haustieren/ Haustierhaltung

Designed by Freepik.com

Es ist auffällig in der heutigen Zeit, dass einige Menschen Haustiere wie Katzen und Hunde zu Hause behalten.

Gründe dafür:

- Sie gelten als Ersatz für einen Partner, ein Kind oder eine Familie.
- Sie gelten als ein treuer Freund.
- Sie gelten als Trost, wenn man traurig oder allein ist.
- Sie helfen gegen Einsamkeit und Langeweile, denn sie bringen Bewegung im Leben.
- Man kann sie streicheln und mit ihr spielen.
- Sie senken den Stress nach einem langen Arbeitstag.

- Die Kinder lernen die Verantwortung für ein anderes Lebewesen.
- Die Haustiere vereinfachen die sozialen Kontakte und stärken die Beziehungen. (Die Menschen reden gerne mit anderen Menschen, die dasselbe Hobby haben).
- Es gibt verschiedene Haustiere, so dass man für jedes Alter eines finden kann.

Gründe dagegen:

- Das Besitzen eines Haustieres ist eine große Verantwortung, denn die Kosten sind teuer. Sie brauchen Essen, Trinken und Körperpflegemittel wie Shampoo und Parfüm.
- Sie brauchen Zeit für Füttern, Spielen und Beschäftigen.
- Sie machen tierische Abfälle und einen schlechten Geruch in der Wohnung.
- Die Hunde verschmutzen die Straßen und die Parks.
- Manchmal sind die Hunde aggressiv gegen die anderen.
- Sie sind nicht überall willkommen, z. B. an die öffentlichen Verkehrsmittel, Geschäfte und Restaurants.
- Sie sind Grund für Trauer, wenn sie sterben.
- Während des Urlaubs muss jemand für sie sorgen.

Auswandern ins Ausland

Warum fliehen Menschen aus ihrer Heimat?

Designed by Freepik.com

Es ist auffällig in der heutigen Zeit, dass das Auswandern ins Ausland ein fester Bestandteil unseres täglichen Lebens geworden ist.

Gründe dafür:

- Bessere Berufe und Einkommen.
- Bessere Lebensqualität und Lebensbedingungen.
- Neue Kultur zu erleben.
- Bessere Sicherheit.
- Bessere Zukunft.
- Bessere Möglichkeiten zur Verwirklichung von Werten und Vorstellungen.
- Bessere politisches Klima.
- Suche nach Gleichheit und Gerechtigkeit.
- Die Flucht aus den Kriegsgebieten.

Dagegen sprechen die folgenden Argumente:

- Die Hochqualifizierten verlassen das Heimatland.
- Gefühl der Fremdheit und Anonymität.
- Schwierigkeiten bei der Koexistenz mit anderen Kulturen.
- In einigen Ländern gibt es Rassismus und Fremdenhass.

Auf der einen Seite können die Auswanderer **positive** Auswirkungen auf das Gastland haben
z. B.

- Steigerung der hochqualifizierten Arbeitskräfte.
- Teilnahme an der Bildung der Gesellschaft.

Auf der anderen Seite können die Auswanderer **negative** Auswirkungen auf das Gastland haben
z. B.

- Die Gedrängtheit (die Überfüllung).
- Verbrauch der Ressourcen.
- Verbreitung der Diebstähle, Kriminalität und Belästigungen.

Meiner Meinung nach ist, dass man ins Ausland auswandern soll, wenn man wirklich eine gute Chance hat und nicht als Nachahmung der anderen.

Auswandern von Akademikern

Designed by Freepik.com

Vorteile:

- Die Akademiker finden bessere Jobs und bessere Zukunft.

Nachteile:

- Die Hochqualifizierten und Talente verlassen das Heimatland.
- Die Teilnahme an der Bildung anderer Ländern statt des Heimatlandes.

Stadtleben

Stadt oder Land?

Beides hat Vor- und Nachteile.

Stadtleben hat viele Vorteile wie:

- Bessere Lebensbedingungen.
- Bessere Infrastruktur wie die Strecke und das Abwasser.
- Die Grundbedürfnisse sind immer verfügbar, wie: Essen, Trinken, Elektrizität, Kraftstoff ... usw.
- Polizei, Feuerwehr und Rettungsdienst sind immer verfügbar.
- Zahlreiche Verkehrsmittel, Geschäfte, Einkaufszentren, Restaurants ... usw.
- Viele Unterhaltungsmöglichkeiten wie: die Kinos, die Theater, die Museen, die Sehenswürdigkeiten, die öffentlichen Parks und Strände ... usw.
- Interessantes Stadtbild: Architektur, Attraktionen, Grünflächen und Parks.

- Offene Atmosphäre, verschiedene Lebensmodelle, Multikulturalität und Tourismus.
- Viele Bildungseinrichtungen: Kindergärten, Schulen, Hochschulen, Universitäten, Akademien und Kurszentren.
- Viele Buchhandlungen und Bibliotheken.
- Bessere medizinische Versorgung: viele staatliche und private Krankenhäuser.
- Viele Jobangebote und Arbeitsstellen.
- Mehrere Heiratschancen, die sich nicht auf die Verwandten beschränken.

Stadtleben hat aber auch viele Nachteile wie:

- Ein teures und schnelles Leben.
- Wenige Familienbeziehungen.
- Verkehrsprobleme, Gedränge, Überfüllung, Lärm, Hektik und Stress.
- Gesundheitliche Gefahren durch Umweltverschmutzung, Luftverschmutzung, Autoabgase und Industrieabgase.
- Keine Nähe zur Natur.
- Gefühl der Fremdheit und Anonymität
- Diebstähle, Kriminalität und Belästigungen.

Landleben

Landleben hat viele Vorteile wie:

- Ein ruhiges und billiges Leben.
- Starke Familienbeziehungen.
- Nachbarschaftshilfe.
- Frische Luft und saubere Umwelt.
- Schönes Aussehen und reizvolle Natur.

Landleben hat aber auch viele Nachteile wie:

- Oft schlechte Infrastruktur.
- Wenige medizinische Versorgung.
- Wenige Bildungseinrichtungen.
- Die Grundbedürfnisse sind nicht immer verfügbar.
- Begrenzte Unterhaltungsmöglichkeiten und Freizeitaktivitäten.
- Wenige Jobangebote und Arbeitsstellen.
- Wenige Heiratschancen, die sich meistens auf die Verwandten beschränken.

Das Einkaufen über das Internet/ Online Shopping

Designed by Freepik.com

Es ist auffällig in der heutigen Zeit, dass das Einkaufen über das Internet ein fester Bestandteil unseres täglichen Lebens geworden ist. Dank des Internets verbreitete sich der elektronische Handel in aller Welt. Das hat aber Vor- und Nachteile:

Vorteile:

- Viele Sonderangebote.
- Sparen von Zeit und Mühe.
- Es ist bequem von Zuhause aus.
- Man kann rund um die Uhr (24 stunden) einkaufen.
- Keine Wartezeit und Stressfrei.
- Eine große Auswahl an Produkten.
- Einfacher Preisvergleich.
- Mehr Information durch die umfangreiche Beschreibung der Produkte im Gegensatz zu den Geschäften, die meist auf der Hilfe eines Verkäufers beruhen.
- Man kann online Geschenke kaufen und schicken lassen.

Nachteile:

- Man kann nicht die Ware anfassen, anprobieren oder ausprobieren.
- Die Ware ist vielleicht in Wirklichkeit nicht so, wie sie abgebildet wurde.
- Die Lieferzeiten sind unterschiedlich. Manchmal am selben Tag, Manchmal dauert die Lieferung mehrere Wochen.
- Die Versandkosten sind auch unterschiedlich, besonders für die internationalen Lieferungen. Sie sind von Größe und Gewicht des Artikels abhängig.
- Mindestbestellwert wegen der Versandkosten.
- Die Angst vor einem Missbrauch der Kreditkarten durch die Hacker und die elektronische Piraterie.
- Wenn die Ware beschädigt ist, wird sie nicht immer schnell (und kostenfrei) ersetzt.

In meinem Heimatland (…) verbreitete sich diese Art des Einkaufs so groß. Viele Menschen benutzen das gerne.
Ich stimme diesem Trend zu. Online Shopping ist sehr nützlich und praktisch in der heutigen Zeit.

Leider verbreitete sich diese Art des Einkaufs nicht so groß in meinem Heimatland.
Die meisten Menschen sind nämlich skeptisch gegenüber diesem Service.
Außerdem gibt es viele Menschen, die die Benutzungsweise nicht wissen.

Einkaufen von Supermarkt oder Einzelhandel

Argumente pro „Supermarkt":

- Preise sind generell günstig.
- Es gibt immer Sonderangebote.
- In einem Platz findet man fast alles, was man braucht. Dadurch kann man Zeit sparen.
- Oft kann man leichter parken und muss nicht lange einen Parkplatz suchen.

Argumente pro „Einzelhandel":

- Einzelhandel bietet freundliche Atmosphäre und bessere Beratung.
- Einzelhandel hat manchmal gute Angebote an speziellen Produkten.
- Einzelhandel ist flexibler auf individuelle Kundenwünsche.
- Es ist eine notwendige Konkurrenz zum Monopol großer Supermarktketten.

Lernen von Fremdsprachen/ Das Fremdsprachenlernen

designed by freepik.com

Es ist auffällig in der heutigen Zeit, dass das Fremdsprachenlernen sehr notwendig in unserem Leben geworden ist.

Dafür sprechen die folgenden Gründe:

- Um andere Kulturen kennenzulernen.
- Um Horizont zu erweitern.
- Um Kommunikationsbarrieren zu überwinden.
- Für Studium und Arbeit im Ausland.
- Für Tourismus im Ausland (mindestens Englisch).
- Für das Einkaufen durch den elektronischen Handel und die Webseiten im Internet.

- Für Liebe und Heirat: Wenn man eine Frau aus anderem Land liebt und möchte sie heiraten, dann soll man natürlich ihre Sprache lernen.
- Es hat berufliche Vorteile und bessere Karrierechancen: Für viele Berufe muss man mindestens eine oder zwei Fremdsprachen beherrschen, z. B. Arbeit im Tourismus.

Es gibt einige **Schwierigkeiten**, die beim Erlernen einer Fremdsprache auftreten können, wie:

- Anderes Alphabet und andere Grammatik.
- Schwierigkeiten beim Lesen, Hören, Schreiben und Verstehen.
- Problem der Vergesslichkeit, insbesondere wenn es keine Praxis gibt.

Man kann eine Fremdsprache lernen. Das ist möglich, aber das beruht auf zwei Voraussetzungen: Kontinuität, Dauerhaftigkeit und Praxis. Hierzu kann ich aus meiner persönlichen Erfahrung ein gutes Beispiel anführen: Ich habe im Abitur Französisch studiert, aber von Zeit zu Zeit habe ich alles vergessen, denn es gibt keine Praxis.
Ich möchte etwas hinzufügen: Es gibt eine Studie sagt, dass man nicht eine Fremdsprache lernen kann, ohne die Muttersprache zu beherrschen (Wer seine Muttersprache beherrscht, lernt leichter Fremdsprachen).
Um die Grammatik der Fremdsprache zu verstehen, verbindet das Gehirn zwischen ihr und der Grammatik der Muttersprache.
In meinem Heimatland (...) lernen viele Jungen die Fremdsprachen entweder mündlich und schriftlich oder nur mündlich.

Wie lernt man die Fremdsprache?

Designed by Freepik.com

- Man muss zuerst das Alphabet lernen.
- Dann soll man den passenden Wortschatz (die Vokabeln) lernen.
- Dann lernt man die passende Grammatik für sein Niveau.
- Dann man soll ganze Sätze auswendig lernen.
- Danach soll man einfache Sätze selbst bilden.
- Man muss viel lesen, schreiben, sprechen und hören.
- Es wäre besser, wenn man Gespräche mit Muttersprachlern führen kann.
- Man soll sich in Verbindung mit den Muttersprachlern setzen.
- Die ständige Praxis ist am wichtigsten. Ohne Praxis vergisst man Alles.
- Man soll das richtige Lernmaterial bekommen.

Fertigprodukte/ Fertiggerichte

Instantprodukte "Fastfood"

Designed by Freepik.com

Wie einfach ist die Ernährung doch heute durch Fertigprodukte geworden. Die meisten Lebensmittel heutzutage sind Fertigprodukte.

Gründe dafür:

- Sparen von Zeit und Mühe.
- Lecker und verschieden (verschiedene Küchen, Fleisch, Fisch, Salate und Desserts).
- Schnelle Zubereitung.
- Günstiger Preis.
- Passt gut zum Lebensstil von jungen, Ledigen, Studenten und Berufstätigen.

Gründe dagegen:

- Enthalten schädliche und chemische Zusatzstoffe oder Farbstoffe, die negative Auswirkungen auf Gesundheit haben.
- Enthalten viele Kalorien, Fette und Zucker.
- Enthalten wenige Vitamine.
- Schnell Essen ist auch ungesund
- Manche Restaurants verwenden minderwertige Rohstoffe oder abgelaufene Lebensmittel, um Geld zu sparen.

Kochshows/ Kochsendungen im Fernsehen

designed by ☺ freepik

Vorteile:

- Dadurch lernt man neue Kochrezepte und Speisen.
- Durch Live-übertragung lernt man besser als die Kochbücher.
- Man kann auch den Koch anrufen und ihm Fragen stellen.
- Sie stärken das Bewusstsein der Zuschauer für gesunde Produkte und Nahrungsmittel.
- Die Kochshows sind auch amüsant.

Nachteile:

- Manche haben nicht eine Küche mit denselben Vorbereitungen.
- Manche Kochrezepte sind teuer für viele Leute.
- Manche Frauen haben keine Zeit und bevorzugen die Fertiggerichte.

Das Kochen von Oma

Hat Oma besser gekocht?

Designed by Freepik.com

Argumente pro:

Oma hat besser gekocht, weil ...

- Zutaten frischer und oft aus dem eigenen Garten sind, d. h. man weiß, was man isst.
- man mehr Zeit zum Kochen hat und alles so zubereiten kann.
- die Nahrungsmittelindustrie oft schädliche und chemische Zusatzstoffe enthält, die negative Auswirkungen auf Gesundheit haben.

Argumente contra:

Oma hat nicht besser gekocht, weil ...

- man auch heutzutage frische Produkte bekommen kann.
- durch die Globalisierung, das Internet und Kochsendungen im Fernsehen man viel Neues erfährt.
- moderne Elektro-Geräte viel Zeit beim Zubereiten sparen.

Berufstätigkeit von Müttern

designed by **freepik**

Vor dem 21. Jahrhundert war es normal, dass der Mann der Haupternährer der Familie ist. Der Mann sollte arbeiten um die Lebenshaltungskosten zu verdienen. Dagegen sollte die Frau zu Hause bleiben und sich um Kinder kümmern.

In der heutigen Zeit sind Mann und Frau gleichberechtigt. Die Frau will auf ihre Karriere nicht verzichten.

Vorteile der Berufstätigkeit von Müttern:

- Ein besseres Einkommen für die Familie.
- Eine Art von Selbstverwirklichung.
- Eine Soziale Position.

Nachteile der Berufstätigkeit von Müttern:

- Wenige Zeit für Kinderbetreuung, insbesondere nach der Geburt. Die Verwandten sind nicht immer verfügbar.
- Nicht alle Arbeitgeber geben den berufstätigen Müttern Urlaub bei einer Krankheit der Kinder.
- Die Arbeitszeiten sind oft lang.

Ich glaube, dass das Gesetz von "Elternzeit oder Babypause in Deutschland" sehr nützlich für die berufstätigen Frauen ist. Solches Gesetz muss in jedem Land sein.

Wie Frauen Familie und Beruf vereinen/ unter einen Hut bringen?

Gedanken zur Vereinbarkeit von Berufstätigkeit und Kindererziehung:

- Die berufstätigen Frauen können die Kinder am Morgen bei einem Kindergarten lassen.
- Man kann einen privaten Babysitter für Kinderbetreuung benötigen.
- Sie können in der Nacht kochen.

Kinder und Karriere kombinieren

Designed by Freepik.com

Argumente pro:

Man kann Kinder und Karriere kombinieren, wenn …

- der Partner hilft.
- man die Arbeit von zuhause aus erledigen kann.
- die Firma eine Kinderbetreuung anbietet (z. B. der Kindergarten).
- man einen privaten Babysitter für Kinderbetreuung benötigen kann.
- der Staat die Familien durch Kindergeld unterstützt.

Argumente contra:

Man kann Kinder und Karriere nicht kombinieren, wenn …

- man oft Überstunden machen.
- man beruflich viel reisen muss.
- man mehr als ein Kind hat.
- man alleinerziehend ist.
- Arbeitsplatz und Kindergarten weit voneinander entfernt liegen.
- das staatliche Kindergeld ist zu gering.

Berufliche Weiterbildung

Designed by Freepik.com

In der heutigen Zeit erwarten die Arbeitgeber von ihren Mitarbeitern stets aktuelles Fachwissen und Qualifikationen auf höchstem Niveau. Man muss sein langfristiges Ziel gut feststellen, damit kann man richtig passende Angebote aus den zahlreichen Weiterbildungsmöglichkeiten auswählen.

Vorteile der beruflichen Weiterbildung:

- Verbesserung der beruflichen Qualifikation für eine bessere Position und ein besseres Gehalt.
- Die qualifizierten Mitarbeiter sind nicht so schnell austauschbar.
- Erhöhung die Chancen für eine Beförderung.
- Schaffung von neuen Arbeitschancen.
- Persönliche Weiterentwicklung.

Schwierigkeiten/ Nachteile der beruflichen Weiterbildung:

- Das braucht Zeit und Mühe.
- Das braucht Kosten für Fahrt, Übernachtung, Seminare, Bücher und Lernmaterialien. Man muss selbst diese Kosten tragen.
- Schwierigkeiten bei der Vereinbarkeit zwischen Arbeit, Weiterbildung und Familie.
- Unbezahlte Sonderurlaubstage.
- Viele Arbeitgeber befürchten, dass die Mitarbeiter dadurch neue Chancen auf dem Arbeitsmarkt finden und die Arbeit verlassen.

Die Teilzeitarbeit

Designed by Freepik.com

In manchen Branchen ist Teilzeitarbeit heute üblich.

Argumente dafür:

- Die Arbeitgeber tragen wenige Kosten in Bezug auf die Gehälter.
- Die Arbeitnehmer haben mehr Zeit für andere Aktivitäten, z. B. die Kindererziehung.
- Manche Arbeitnehmer brauchen die Teilzeitarbeit neben dem aktuellen Beruf, um das Einkommen zu verbessern.
- Manchmal ist es notwendig aus gesundheitlichen Gründen, die Arbeitszeit zu reduzieren.

Argumente dagegen:

- Man verdient weniger.

Ich möchte nach meinem Studium unbedingt eine volle Stelle. Ich will gut Geld verdienen. Später könnte ich mir aber auch eine kürzere Arbeitszeit vorstellen.

Für mehr Geld auch nachts oder an den Wochenenden arbeiten?

Designed by Freepik.com

Argumente pro:

- Ein hohes Einkommen ist das Wichtigste in unsicheren wirtschaftlichen Zeiten.
- Das gilt als Teilzeitarbeit, um das Einkommen zu verbessern.
- In bestimmten Berufen ist Nacht-oder Wochenendarbeit sowieso normal z.B. Busfahrer und Krankenschwester.

Argumente contra:

- Solche Arbeiten schaden früher oder später der Gesundheit.
- Das kann die Partnerschaften oder das Familienleben zerstören.
- Keine Zeit für private Aktivitäten oder Freunde treffen.

Mein Job ist das Wichtigste im Leben

Designed by Freepik.com

Argumente pro:

- Durch den Job verdient man seine Lebenshaltungskosten.
- Arbeitslosigkeit ist schrecklich.
- Man bespricht mit Kollegen nicht nur Berufliches, sondern auch Privates.
- Gute Leistung bei der Arbeit steigert das Selbstbewusstsein.

Argumente contra:

- Arbeit bleibt ein Mittel, um das notwendige Geld zu verdienen, mehr ist nichts.
- Manchmal ist die Bezahlung zu gering.
- Freunde, Familie und Partner sollten das Wichtigste im Leben sein.

Warum arbeiten die Rentner?

Designed by Freepik.com

Gründe dafür:

- Um Geld zu verdienen und das Einkommen zu verbessern.
- Manche Rentner mögen nicht zu Hause immer zu bleiben.
- Die Arbeit hilft gegen die Langweile.
- Viele Rentner glauben, dass wenn sie arbeiten, können sie die Gesundheit erhalten.

Rente mit mehr als 60 Jahre

Designed by Freepik.com

Argumente Pro:

- Die Erfahrung älterer Kollegen ist wichtig für die Jüngeren.
- Etwas positiv für die älteren Kollegen, denn sie fühlen sich nützlich und anerkannt.
- Die Arbeit macht den Alltag interessant.

Argumente contra:

- Das Leben ist zu kurz, um so lange zu arbeiten.
- Wenige Arbeitschancen für die Jüngeren.
- Neue Technologien stellen ältere Kollegen oft vor Probleme.

Ist Erfolg im Beruf nur vom Aussehen abhängig?

Designed by Freepik.com

Argumente pro:

- Ein gepflegtes Aussehen ist immer wichtig für alle Berufe, die mit Kunden zu tun haben.
- Durch Aussehen nimmt man den ersten Eindruck eines unbekannten Menschen.
- Es gibt viele Möglichkeiten, das Aussehen zu verbessern z.B. Haarpflege und Make-up.

Argumente contra:

- Make-up ist oft eine Maske.
- Menschen sind unterschiedlich im Aussehen, das sollte man akzeptieren.
- Individualität ist wichtig.
- Die positiven Charaktereigenschaften sollten wichtiger als das Aussehen sein.

Körperlicher Fitness durch ein Fitnesscenter

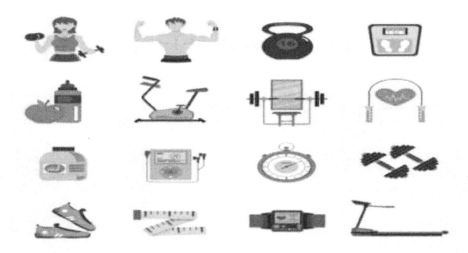

Designed by Freepik.com

Das Bedürfnis nach körperlicher Fitness, nach einem schlanken Körper motivitiert viele Menschen regelmäßig Sport zu treiben.

Argumente, die für den Besuch eines Fitnesscenters sprechen:

- Man findet alle Fitnessgeräte.
- Man bekommt die professionelle Orientierung.
- Man bekommt Motivation aus den anderen Mitgliedern.
- Ausdauerübungen.
- Bessere Konzentrationsfähigkeit.

Schwierigkeiten:

- Jeder kann nicht das Fitnesscenter regelmäßig besuchen. Viele Berufstätige und Angestellte haben keine Zeit.
- Die Gebühren sind manchmal teuer für manche Leute.
- Verletzungsgefahr.

Übergewicht und Abnehmen (Gewichtsverlust)

Designed by Freepik.com

Übergewicht kann auf Dauer krank machen. Das übermäßige Fett bewirkt im Körper eine Reihe von gefährlichen Veränderungen. Wegen der folgenden **Vorteile** soll man abnehmen:

- Schlänkere Körper.
- Leichtere Bewegung.
- Gesündere Lebensweise.
- Bessere Leistungsfähigkeit.
- Reduzierung die Gefahr an Diabetes, Krebs und Herzinfarkt zu erkranken.
- Stärkung des Immunsystems.
- Verbesserung der Durchblutung.
- Verlangsamung des Alterungsprozesses.

Fußgängerzonen

Designed by Freepik.com

Fußgängerzonen prägen das Stadtbild in vielen Städten.

Gründe dafür:

- Man kann in Ruhe ohne Angst vor dem Verkehr spazierengehen.
- Man kann eine Stadt einfach besser genießen.
- Ein schönes Aussehen für die Touristen, insbesondere wenn sie durch Grünflächen verschönt sind.
- Sie können die Lebensqualität der Innenstädte erhalten oder verbessern.
- Förderung des sozialen und kulturellen Lebens.
- Verbesserung der Marketingstrategien.

Gründe dagegen:

- Die Straßen werden enger und der Verkehr wird noch dichter.
- Es wird nicht genüge Parkplätze in der Nähe.
- Schwierigkeiten die Häuser mit dem Auto zu erreichen, was ärgerlich ist, besonders wenn man große Einkäufe hat.
- Manchmal gibt es Taschendiebe auf den Fußgängerzonen.

Öffentliche Verkehrsmittel oder das eigene Auto?

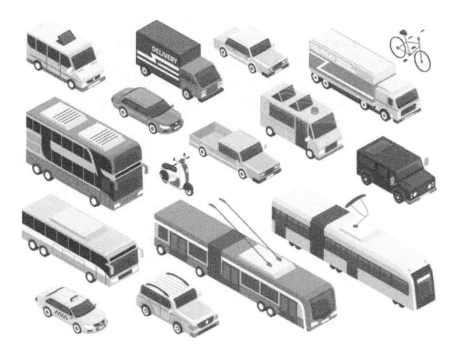

Designed by Freepik.com

Argumente pro Öffentliche Verkehrsmittel:

- Sie sind billiger (keine Steuern, keine Versicherung, kein Benzin zahlen).
- Man ist nicht verantwortlich für das Fahren.
- Es gibt kein Parkplatzprobleme oder Parkhausgebühren.

Argumente pro das eigene Auto:

- Man ist zeitlich flexibler und unabhängiger.
- Man kann große oder schwere Dinge transportieren.
- Man kann einfach Haustiere mitnehmen.
- Man ist sicher vor Taschendieben und anderen Belästigungen.

Die öffentlichen Verkehrsmittel kostenlos benutzen

Argumente pro:

- Ein gutes Angebot, um das Auto stehen zu lassen.
- Man kann Geld sparen.
- Weniger Abgase, Lärm und Unfälle.
- Die Menschen mit geringem Einkommen könnten Fahrten mit Bus oder Bahn leisten.
- Es gäbe mehr soziale Kontakte.

Argumente contra:

- Das öffentliche Verkehrsnetz musste vergrößert und gepflegt werden.
- Die Zahl der Fahrgäste würde stark steigen.
- Viele würden für kürzeste Entfernungen den Bus nehmen statt zu Fuß zu laufen.
- Ohne Fahrpreise, muss man einen anderen Weg finden, um die Kosten zu decken.

Soll man den Autoverkehr im Zentrum der Großstädte verbieten?

Designed by Freepik.com

Argumente pro:

- Abgase zerstören viele Sehenswürdigkeiten oder die alten Bauten, die im Zentrum liegen.
- Für Einwohner und Arbeitende im Zentrum immer weniger Lebensqualität durch Abgase und Lärmbelästigung.
- Wenn die Autofahrer parken, behindern sie die Fußgänger.

Argumente contra:

- Mobilität ist ein Grundrecht des Menschen und man kann es nicht verbieten.
- Öffentliche Verkehrsmittel sind oft zu voll.
- Es gibt kleine Automodelle, die nicht stören.
- Beim Einkauf großer Gegenstände (z.B. Waschmaschine oder Kühlschrank) ist der Transport bequemer.

Urlaub und Reisen

Designed by Freepik.com

Argumente pro:

- Urlaub ist notwendig, damit man sich von den Strapazen und dem Stress im Beruf erholen kann.
- Urlaub und Reisen unterbrechen die Routine.
- Eine Gelegenheit, um neue Orte/ Menschen/ Kulturen kennenzulernen.
- Einige Reisen dienen nicht nur der Erholung, sondern auch der Bildung.
- Urlaub und Reisen bringen die Leute zusammen und bieten eine Möglichkeit für neue Bekanntschaften.

Argumente contra:

- Man muss nicht unbedingt verreisen, um sich zu erholen.
- Urlaub und Reisen kosten viel Geld.
- Urlaub und Reisen sind eine Erfindung der Touristikbranche.

Reisen lieber im Inland oder ins Ausland?

Argumente pro „Inland":

- Es gibt keine Sprachprobleme.
- Die nationalen Mahlzeiten sind bekannt.
- Man ist an das Klima gewöhnt.
- Preiswerter als Auslandsaufenthalt.

Argumente pro „Ausland":

- Eine Gelegenheit, um neue Orte/ Menschen/ Kulturen kennenzulernen.
- Durch Filme und Internet ist das Ausland nicht mehr unbekannt.
- Es gibt viele Sonderangebote, z.B. Last-minute-Angebote.

Massentourismus

Der Massentourismus hat viele Regionen verändert. Besonders in den Ländern, die vom Tourismus leben.

Gründe dafür:

- Förderung der Wirtschaft.
- Eine wichtige Quelle für harte Währung.
- Schaffung von neuen Arbeitschancen.
- Viele Familien leben vom Tourismus.
- Infrastruktur wird ausgebaut und Straßen werden asphaltiert.
- Viele Hotels, Restaurants, Geschäfte, Straßen und Flughäfen werden gebaut.
- Erhöhung von Umweltbewusstsein

Gründe dagegen:

- Manche Touristen benehmen sich schlecht, weil sie nicht zu Hause sind. Besonders, wenn sie alkoholisiert sind.
- Manche Touristen respektieren nicht die Sitten und Bräuche des Landes z. B. einige Touristen laufen ziemlich nackt auf der Straße in den islamischen Ländern. Aus diesem Grund werden die Touristinnen manchmal belästigt.
- Ausbreitung von Krankheiten und Pandemien wie Coronavirus (Covid -19) im Jahre 2020.

Mein Heimatland (…) ist ein bekanntes Touristenziel. Es hat viele Sehenswürdigkeiten und ein schönes Wetter das ganze Jahr.

Weihnachten ist nur ein Fest des Konsums

designed by freepik

Argumente pro:

- Weihnachten kostet viel Geld: man macht Reisen, geht viel aus, kauft viel ein.
- Die Geschenke werden immer größer und teurer.
- Kinder bekommen, was sie sich gewünscht haben.
- Die Menschen wollen zeigen, was sie sich finanziell leisten können.

Argumente contra:

- Die Kirchen sind zu Weihnachten voll, die Menschen feiern also den eigentlichen Sinn des Festes.
- Weihnachten ist ein Fest der Freude und man möchte seine Freunde auch durch Geschenke, Essen und andere schöne Dinge ausdrücken.

Leben im multikulti Deutschland

Argumente pro:

- Verschiedene Nationen und Religionen gehören zum Alltag.
- Als demokratisches Land ist Deutschland in der heutigen Zeit attraktiv.
- Deutschland bekommt Fachkräfte in allen Bereichen. Dadurch haben die Migranten eine Chance, in Deutschland arbeiten und leben zu können.
- Die Migranten müssen Deutsch lernen.

Argumente contra:

- Es gibt immer wieder fremdfeindliche Aktionen, z.B. Rassismus und Fremdenhass.
- Man wohnt als Nicht-Deutscher in unattraktiven Stadtteilen/ in minderwertigen Wohnungen.
- Viele Deutschen sehen die Migranten als Ausländer oder Fluchtlinge.

Aufnahme von Flüchtlingen

Argumente pro:

- Ein menschliches Verhalten für diejenigen, die kein Zuhause haben.
- Eine große Hilfe für diejenigen, die aus ihren Heimatländern wegen Kriegen oder Bürgerkriegen fliehen.
- Der Staat kann die Flüchtlinge als billige Arbeitskräfte ausbeuten.

Argumente contra:

- Viele Flüchtlinge haben keine Personaldokumente. Man weiß nicht, ob sie Verbrecher oder gute Menschen sind.
- Verbrauch der Ressourcen.
- Die Gedrängtheit (die Überfüllung).
- Ausbreitung der Diebstähle, Kriminalität und andere Belästigungen.
- Der Burger fühlt sich fremd in seinem Land.
- In vielen Ländern bekommen die Ausländer oder die Flüchtlinge gute Jobs, obwohl die Bürger das nicht bekommen.
- In einigen Ländern gibt es Rassismus und Fremdenhass.

Marken oder nicht?

Es ist auffällig, dass die Marken eine wichtige Rolle beim Einkaufen spielen. Manche Leute schauen zuerst auf das Markenschild an, bevor sie entscheiden ein Gespräch mit dem Verkäufer zu beginnen.

Gründe dafür:
- Die Marken attraktivieren viele Menschen einzukaufen und erhöhen dadurch die Verkäufe.
- Die Qualität ist immer besser.
- Die Produkte dauern lange Zeit und gehen nicht nach kurzer Zeit kaputt.
- Für die Kleidung fühlt man sich attraktiver und für andere Waren gewinnt man das Gefühl vom Vertrauen.
- Eine Art von Prestige.

Gründe dagegen:
- Die Markensachen sind teuer.
- Oft kauft man durch Kredite und deshalb hat man Schulden.

Ich bevorzuge die Markensachen, wenn der Preis günstig ist. In meinem Heimatland achten die Menschen auf Marken als Vertrauen und Prestige.

Die Papierbücher (gedruckte Bücher)

designed by 🐦 freepik

Vorteile:

- Man kann leichter beim Lesen von einem Ort zum anderen springen.
- Man kann Notizen und Markierungen leichter machen.
- Man kann sie ausleihen.
- Manche bevorzugen die Bücher in der traditionellen Form zu lesen.
- Es ist ein schönes Gefühl ein neues Buch in das Bücherregal zu stellen.

Nachteile:

- Schwer in jedem Platz zu tragen, insbesondere wenn man viele Bücher mitnehmen will.

Die E-Bücher (E-Books)/ oder die E-Bücher durch Kindle

Designed by Freepik.com

Vorteile:

- Man kann sie einfach online bestellen oder herunterladen.
- Es gibt zahlreiche E-Bücher, die man kostenfrei herunterladen und speichern kann.
- Viele Bücher, vor allem die alten sind mit günstigen Preis verfügbar.
- Man kann sich eine Bibliothek anlegen, die keinen Platz nimmt. Außerdem kann man diese Bibliothek überall mitnehmen.
- Man kann die Ansicht des Buches ändern, und besser lesen.
- Die Hilfe beim Lernen ist immer verfügbar durch die online Wörterbücher und Videos. Das heißt man kann einfach eine Erklärung bekommen.
- Man kann auch Notizen machen, diese sind aber weniger direkt sichtbar wie bei den Papierbüchern.

- Manchmal gibt es Außerdem eine kurze Zusammenfassung oder eine Leseprobe, sodass man erst einen Blick auf den Buchinhalt werfen kann, bevor man es kauft.
- Man kann die anderen Werke des Autors und die ähnlichen Werke leicht kennen.
- Während des Lesens kann man auch Musik hören.

Nachteile der E-Bücher:

- Man kann nicht einfach beim Lesen von einem Ort zum anderen springen.
- Die Notizen und Markierungen sind weniger direkt sichtbar wie bei den Papierbüchern.
- Nicht alle Bücher sind als E-Bücher verfügbar, viele Bücher gibt es bis jetzt nur in gedruckter Form.
- Das Lesen dadurch für lange Zeit schadet den Augen.
- Das Gefühl, ein Buch in der Hand zu halten, ist auch nicht da.

Die Erneuerbare Energie/ die alternative Energie

Die erneuerbare Energie

Es ist auffällig in der heutigen Zeit, dass viele Unternehmen sich an die erneuerbare Energie wenden. Beispiele für die erneuerbare Energie sind: Windenergie, Sonnenenergie/ Solarenergie, Wasserkraft, Geothermie, Energie aus Biomasse.

Vorteile der erneuerbaren Energie:

- Sie ist unbegrenzt verfügbar im Gegensatz zu fossilen Brennstoffen wie Erdöl, Erdgas und Kohle.
- Weltweit verfügbar ohne Transportkosten.
- Umweltfreundliche und saubere Energie.
- Katastrophalen Unfälle können vermieden werden, wie die Explosionen in Kernkraftwerken zum Beispiel: Tschernobyl oder Fukushima.
- Reduzierung von Luftverschmutzung und Wasserverschmutzung.

Die Nachteile der erneuerbaren Energie:

- Hohe Kosten: Anlagen, Netze und Infrastruktur.
- Unsichere Versorgung durch die schlechten Speichermöglichkeiten.
- Große Abhängigkeit von Wetterbedingungen.
- Nötige Umstellung auf Smart-Home-System.

Designed by Freepik.com

Die Atomenergie/ Kernenergie

Die Atomenergie

Kernenergie oder Atomenergie oder Kernkraft ist die Energie, die bei der Fusion oder Spaltung von Atomkernen entsteht.

Vorteile der Atomenergie:

- Der Verbrauch an fossilen Brennstoffen wie Kohle und Erdöl reduziert sich. Dadurch reduzieren sich die Emissionen von schädlichen Gasen.
- Die Atomenergie braucht wenige Brennstoffe, um große Mengen Energie zu erzeugen.
- Die Atomenergie erzeugt eine bessere Luftqualität im Vergleich mit den fossilen Brennstoffen.
- Die Preise der Atomenergie sind fast stabil, denn es gibt wenige Preisschwankungen.

Nachteile der Atomenergie:

- Manchmal passieren Atomexplosionen (Beispiele: Tschernobyl 1986 und Fukushima 2011). Die radioaktive Strahlung ist sehr gefährlich für Mensch und Umwelt.
- Die Entsorgung von radioaktiven Abfällen ist sehr kompliziert und gefährlich.
- Atomenergie kann für militärische Zwecke verwendet werden, wie im zweiten Weltkrieg mit dem Abwurf der Atombomben über Nagasaki und Hiroshima.
- Die Atomanlagen können selbst bevorzugte Ziele für terroristische Aktivitäten sein.
- Das Uran ist nur in wenigen Mengen verfügbar.

Meiner Meinung nach ist, dass man die Atomenergie nur für friedliche Zwecke verwenden darf. Ich stimme dem Verbot der Atomaufrüstung zu.

Designed by Freepik.com

Teamarbeit

designed by freepik.com

Ein Team ist eine Gruppe von Mitarbeitern, die ähnliche Aufgaben haben. Sie arbeiten zusammen, um die Aufgaben zu bewältigen und die Probleme zu lösen.

Vorteile der Teamarbeit:

- Man kann von den Erfahrungen der anderen Mitglieder lernen.
- Die Teamarbeit ist gekennzeichnet durch Organisation, Informationsaustausch und Horizonterweiterung.
- Steigerung des beruflichen Wettbewerbs, die Probleme zu lösen und die Aufgaben zu bewältigen.
- Wenige Fehler bei den Ergebnissen.
- Die gegenseitige Unterstützung und der gemeinsame Erfolg führen zur Arbeitszufriedenheit.
- Die Stärken der Mitarbeiter werden besser genutzt, um komplexe Herausforderungen zu lösen.
- Man hat das Gefühl der Zugehörigkeit.
- Wenn ein Mitarbeiter ausfällt, konnte die Arbeit durchgeführt werden.

Nachteile der Teamarbeit:

- Die Leistungen und die Erfolge werden dem Team oder dem Unternehmen zugeschrieben und individuelle Erfolge fallen weniger ins Gewicht.
- Mann ist immer von einem Chef/ Manager abhängig.
- Es ist schwierig, die Entscheidungen allein zu treffen. Die Entscheidungen sind vom Chef und von den anderen Mitgliedern abhängig.
- Jeder verlässt sich auf die anderen.
- Jeder möchte dem Chef zeigen, dass er der beste Mitarbeiter sei.
- Minderheiten, die manchmal bessere Ideen haben, bekommen nicht meistens die Gelegenheit das zu äußern.
- Manchmal gibt es unangenehme Kollegen und gemeinen Büroklatsch.

Individuelle Arbeit/ Freiberufliche Tätigkeit/ Selbständigkeit

Designed by Freepik.com

Man versteht unter individuelle Arbeit, dass man allein oder Freiberuflich arbeitet.

Vorteile der freiberuflichen Tätigkeit:

- Man arbeitet für sich selbst: für seine Arbeit zu vergrößern und für seinen Namen (seine Marke) bekannt zu machen.
- Man hat keinen Chef oder Manager. Man ist selbst der Manager.
- Keine Arbeitszeiten: Man arbeitet, wenn man möchte. Oder man kann seine Arbeitszeiten selbst planen und organisieren.
- Man kann eine bestimmte Arbeit annehmen oder ablehnen.
- Freier und direkter Kontakt mit den Kunden.
- Man kann mehr verdienen
- Das Gefühl der Freiheit und die Unabhängigkeit.

Nachteile der freiberuflichen Tätigkeit:

- Kein regelmäßiges Gehalt, keine Krankenversicherung, keinen bezahlten Urlaub und keine Rentenbeiträge.
- Keine ständige Arbeit: Manchmal arbeitet man nur zehn Tage im Monat.
- Sie ist meist „Saisonarbeit" in bestimmten Zeiten.
- Keine sichere Arbeit für die Familie.
- Es dauert lange, bis man bekannt wird und wirklich gut verdient.
- Man findet einen starken Wettbewerb/ eine starke Konkurrenz auf dem Markt.
- Ein Freiberufler muss sich ständig darum bemühen, neue Kunden zu finden.
- Ein Freiberufler muss mobil sein.

Festanstellung/ Feste Arbeitsstelle

Designed by Freepik.com

Vorteile der Festanstellung:

- Man hat ein regelmäßiges Gehalt, eine Krankenversicherung, einen bezahlten Urlaub und Rentenbeiträge.
- Sicherer als freiberufliche Arbeit.
- Gefühl der Zugehörigkeit zu einer sozialen Gruppe.
- Soziale Position.

Nachteile der Festanstellung:

- Feste Arbeitszeiten, mangelnde Flexibilität.
- Manchmal gibt es unangenehme Kollegen und einen Büroklatsch.
- Oft gibt es Druck vom Chef. Man muss oft dem Chef alle Details erklären.

designed by 🄌 freepik

Home Office/ Heimarbeit

Designed by Freepik.com

Arbeit im Home Office hat viele **_Vorteile:_**

- Keine Arbeitszeiten: Man arbeitet, wenn man möchte.
- Man hat mehr Zeit zur Kinderbetreuung.
- Freiheit und Flexibilität.
- Kein Büroklatsch.
- Reduzierung des Stresses.
- Reduzierung der Kosten: wie die täglichen Fahrten, Reinigungskosten und die Kosten für Essen & Trinken (Kantinenessen oder der traditionelle Pausenkaffee mit den Kollegen).

Nachteile:

- Fehlende soziale Kontakte.
- Fehlende Motivation.
- Starke Ablenkung.
- Vermischung von Beruf und Privat.
- Viele Chefs befürchten, dass ihre Mitarbeiter zuhause weniger leistungsfähig werden.

Designed by Freepik.com

Die ehrenamtliche Arbeit

Designed by Freepik.com

Vorteile:

- Gefühl der Freude und Sinnhaftigkeit.
- Man bekommt neue Fähigkeiten.
- Man bekommt die Chance, Menschen aus verschiedenen Lebensbereichen kennenzulernen.
- Man bekommt eine Arbeitserfahrung, insbesondere die Studenten.
- Neue Umgebungen zu erkunden.

Nachteile:

- Diese Arbeit ist nervig und anstrengend.
- Meistens macht man die ehrenamtliche Arbeit in der Freizeit. Auf diese Weise hat man wenige Zeit für Familie, Freunde, Erholung und Privatleben.
- Man bekommt kein Geld dafür. Im Gegenteil man soll manchmal Geld freiwillig für Spenden ausgeben.

Designed by Freepik.com

Macht Geld glücklich?

Argumente pro:

- Das Geld ist die Grundlage für ein Leben ohne Sorgen.
- Geld macht glücklich, wenn man sich besondere Wünsche erfüllen kann.
- Wenn man Geld hat, hat man ein sicheres Gefühl.
- Man kann Leuten helfen, die kein Geld haben.

Argumente contra:

- Geld ist nur ein Mittel zum Zweck.
- Viele lebenswichtige Sachen kann man nicht kaufen, z.B. Gesundheit und Liebe.
- Wer viel Geld hat, hat oft auch falsche Freunde.
- Die Gier nach Geld machen die menschlichen Beziehungen kaputt.

Traditionen und Sitten

Andere Länder, andere Sitten

In jeder Gesellschaft gibt es verschiedene Traditionen und Sitten wie die religiösen Feste und Bräuche beim Weihnachtsfest im Christentum und Ramadanfest im Islam.

Vorteile:

- Die Sitten transportieren die Werte, was die Menschen in ihrem Leben brauchen.
- Die Sitten schaffen eine Art von Sicherheit und Geborgenheit in der Gesellschaft.
- Die richtigen Sitten spielen eine wichtige Rolle in der Stabilität der Gesellschaft.

Nachteile:

Nicht alle Sitten sind richtig und nützlich. Es gibt falsche Sitten wie Mädchenbeschneidung und das Feilschen beim Einkaufen in manchen Ländern.

Die Massenmedien

Designed by Freepik.com

Warum sind die Massenmedien wichtig in unserem Leben?

Man versteht unter dem Begriff **Massenmedien** Alle Methoden, die die Informationen und Nachrichten übermitteln können, z. B. das Fernsehen, das Radio, die Zeitungen, die Zeitschriften, die Nachrichtenagenturen und die sozialen Netzwerke. In den vergangenen Zeitepochen gab es diese Massenmedien nicht, so war das Leben schwer und langsam. Aber heute ist das Leben viel leichter und schneller, denn wir erleben eine große Revolution in diesem Bereich.

Vorteile:

- Sie haben die Welt zum kleinen Dorf verwandelt.
- Vermittlung von Informationen und Nachrichten vollständig in kurzer Zeit: Das enthält sowohl die lokalen als auch die internationalen.
- Im Laufe der Zeit entwickeln sich diese Methoden, so dass man das Geschehen mit Bildern und Video sehen kann.
- Heutzutage gibt es auch Live-übertragung.

Nachteile:

- Sie können nicht objektiv sein, denn es gibt einige Seiten, die die Massenmedien mit Geld beherrschen.
- Sie können für persönliche, wirtschaftliche und politische Zwecke verwendet werden.
- Sie können für die Verfälschung der Kulturen, der Geschichte und der Zivilisationen verwendet werden.
- Man kann sie für die Verbreitung der Gerüchte und falschen Nachrichten verwenden, z. B. für den Nervenkrieg in Kriegszeiten.

Es ist zu erwähnen, dass die Massenmedien Zweischneidig sind.

Rolle der Zeitungen/ Zeitschriften/ des Journalismus

Designed by Freepik.com

- Sie werden von allen Schichten und allen Altersklassen gelesen.
- Sie behandeln lokale und internationale Geschehnisse.
- Sie behandeln vielseitige Themen: Wirtschaft, Politik, Kultur, Gesellschaft, Sport … usw.
- Sie enthalten auch Anzeigen und aktuelle Angebote des Handels.
- Sie sind glaubwürdig: Sie gehören zu den wichtigsten Informationsquellen.
- Sie werden auf unterschiedliche Arten genutzt: gedruckt oder online.
- Sie eröffnen Kontaktmöglichkeiten.
- Sie spiegeln Sprache und Kultur einer Gesellschaft in einer bestimmten Zeit wider.

Online Zeitungen/ Online- Journalismus

designed by 🐸 freepik

Gründe dafür/ Vorteile:

- Räumliche Flexibilität: Man kann Online- Zeitungen durch das Internet überall lesen.
- Man kann die Nachrichten durch die Sozialen Netzwerke mit den anderen teilen.
- Man kann Kommentare hinzufügen.

- Die Nachrichten sind immer aktualisiert.
- Neben Texten und Bildern, gibt es auch Videos.
- In der heutigen Zeit verbringen die Menschen mehr Zeit im Internet. Sie informieren sich über Neuigkeiten im Internet und lesen nicht mehr wie früher Zeitungen.
- Viele Online-Zeitungen und Zeitschriften stellen im Netz nicht nur ihre aktuellen Ausgaben zur Verfügung, sondern auch die alten Ausgaben.

Nachteile:

- Nicht jeder hat ein Smartphone und einen Internetzugang.
- Man kann nicht einfach beim Lesen von einem Ort zum anderen springen.
- Texte auf dem Bildschirm sind langsamer zu lesen als gedruckte. Viele Anwender drucken sich die gewünschten Informationen aus.

Gedruckte Zeitungen

Designed by Freepik.com

Vorteile:

- Man kann einfach beim Lesen von einem Ort zum anderen springen.
- Man kann schneller lesen.
- Manche Leser bevorzugen die Zeitungen in der traditionellen gedruckten Form.

Nachteile:

- Man kann nicht die Nachrichten in der gleichen Zeit aktualisieren.
- Sie erhalten die Nachrichten mit einem Tag Verspätung.
- Die Nachrichten können nur mithilfe von Texten und Bildern dargestellt werden.

Das Fernsehen

Designed by Freepik.com

Heutzutage findet man das Fernsehen fast in jedem Haus. Es ist beliebt bei allen Altersklassen. Das Fernsehen aber hat Vor- und Nachteile.

Vorteile:

- Man erfährt dadurch die aktuellen Nachrichten.
- Die Übertragung kann mit Bildern oder Video oder als Live sein.
- Es bietet vielseitige Informationen in verschiedenen Bereichen.
- Es bietet zahlreiche Serien, Filme und Programme.

- Es ist eine gute Unterhaltungsmöglichkeit, denn es fördert die Gespräche.
- Es erweitert den persönlichen Horizont durch die Erfahrung von anderen Kulturen und Lebensbedingungen.
- Es entwickelt die Phantasie und die Kreativität bei den Kindern.
- Es kann den Wortschatz bereichern, besonders bei den Kindern.
- Es hilft auch beim Studium, denn es bietet viele Lernprogramme.

Nachteile:

- Es nimmt viel Zeit in Anspruch.
- Es kann süchtig machen.
- Es kann dazu führen, dass andere Tätigkeiten sowie soziale Kontakte vernachlässigt werden.
- Es führt zu Bewegungsmangel und Übergewicht.
- Es kann den Augen schaden.
- Es kann laut dem Inhalt aggressiv machen.
- Es fördert den Konsum durch die Werbung.
- Es kann falsche Informationen verbreiten.

Es geht um welche Art vom Fernsehprogramm. Die Nützlichkeit oder Schädlichkeit des Fernsehens hängt von seinem Benützer ab.

Fernsehen ist nur für alte Leute

Designed by Freepik.com

Argumente pro:

- Es gibt zu viele Wiederholungen.
- Viele Sendungen sind nicht für junge Leute geeignet.
- Um fernzusehen, muss man zu Hause bleiben, das ist langweilig.
- Junge Leute gehen lieber ins Kino und machen danach noch etwas (z.B. essen gehen, in einer Bar etwas trinken).
- Man kann auch durch das Internet Filme sehen, nicht nur zu Hause. Auf diese Weise muss man nicht warten, bis der Film im Fernsehen gezeigt wird.

Argumente contra:

- Die modernen Fernsehgeräte (Smart-TV) haben große (und gebogene) Bildschirme und HD-Qualität wie ein „Heimkino".
- Durch Satelliten-Fernsehen bekommt man zahlreiche Kanäle, d.h. interessante Filme und Sendungen für jedes Alter.
- Fernsehen ist eine wichtige Informationsquelle.
- Man kann durch das Fernsehgerät auch DVDs sehen.

Das Radio

Argumente pro:

- Das Radio bietet viele Reportagen und Berichterstattungen.
- Wenn keine Bilder zu sehen sind, kann man sich bei Informationssendungen besser auf den Inhalt konzentrieren.
- Aktuelle Hinweise z. B. Verkehrsnachrichten und Alarmmeldungen an die Bevölkerung werden schnell verbreitet.
- Viele Sender mit verschiedenen Musiklisten.
- Musik wird rund um die Uhr ohne große Unterbrechungen gespielt.

Argumente contra:

- Die Nachrichten im Radio sind zu kurz.
- Im Radio kann man nur Sachen hören, aber nichts sehen. Das Radio ist ideal zum Musikhören.

Das Internet

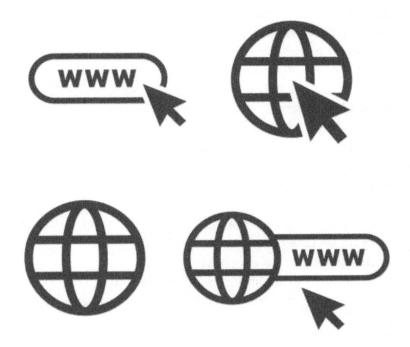

designed by 👑 freepik

Vorteile des Internets:

- Dadurch kann man die aktualisierten nationalen und internationalen Informationen erfahren.
- Dadurch kann man andere Leute kennenlernen.
- Dadurch kann man Videogespräch anführen.
- Dadurch kann man den elektronischen Handel benutzen.
- Dadurch kann man Musik hören, Filme anschauen, Bücher lesen und Onlinespiele genießen.

- Dadurch kann man eine Arbeit suchen.
- Dadurch kann man Geld verdienen.
- Dadurch kann man berühmt werden z. B. durch YouTube.
- Fast alle Unternehmen, Firmen, Stiftungen, Hochschulen und Universitäten haben Webseiten im Internet.
- Räumliche und zeitliche Unabhängigkeit (24 Stunden erreichbar).
- Globale Kommunikation.
- Anonymität.

Nachteile des Internets:

- Es nimmt viel Zeit in Anspruch.
- Es kann süchtig machen.
- Es kann dazu führen, dass andere Tätigkeiten sowie soziale Kontakte vernachlässigt werden.
- Die ständige und übermäßige Nutzung des Internets fördert eine ungesunde Lebensweise.
- Problematik von Datenschutz.
- Problematik bei Qualität der Informationen.
- Es gibt zahlreiche Virenprogramme, Hacker und Online-Piraterie
- Dadurch kann man Geld verlieren.
- Es kann missgebraucht werden, wie die Terroristischen Webseiten.
- Es kann für die Verbreitung der Gerüchte und falschen Nachrichten verwendet werden.
- Kontakt zu gefährlichen Inhalten und fremden Personen, insbesondere die Kinder.
- Kurzlebigkeit. Die Informationen oder Webseiten verändern sich ständig.

Bekanntschaften im Internet

Designed by Freepik.com

Argumente pro:

- Man kann neue Leute schneller kennenlernen.
- Man kann in Kontakt mit Leuten kommen, die die gleichen Interessen haben.

Argumente contra:

- Man wird süchtig nach Internetkontakten.
- Chatten kann manchmal sehr viel Geld kosten.
- Die Kinder sind besonders gefährdet.
- Viele nutzen die Anonymität des Internets für böse Zwecke.

Social Media/ Sozialen Medien/ Soziale Netzwerke

Designed by Freepik.com

Vorteile:

- Man ist immer auf dem neusten Stand.
- Schnelle, direkte und globale Kommunikation.
- Kommunikation rund um die Welt, 24 Stunden möglich.
- Anmeldung ist oft Kostenlos.
- Sie sind verfügbar für Alle.
- Soziale Medien befreien uns von der Passivität und machen uns interaktiv.
- Dadurch kann man die Informationen und Nachrichten teilen.

- Dadurch kann man berühmt werden z. B. durch YouTube.
- Dadurch kann man Arbeitsgruppen machen z. B. durch WhatsApp.
- Sie spielen eine wichtige Rolle bei Werbung und Marketing.
- Dadurch kann man eine Arbeit suchen und finden.
- Sie sind auch eine wichtige Fahndungs- und Ermittlungsquelle.

Nachteile:

- Sie nehmen viel Zeit in Anspruch.
- Sie können süchtig machen.
- Sie können dazu führen, dass andere Tätigkeiten sowie soziale Kontakte vernachlässigt werden.
- Datenspionage und Missbrauch.
- Unerwünschte Werbung
- Schnelle Entstehung von Missverständnissen.
- Sie können falsche Informationen und Gerüchte verbreiten.
- Identitätsdiebstahl, um unter fremdem Namen falsche Informationen zu veröffentlichen.
- Sie können zur Behinderung der beruflichen Karriere führen.
- Kommunikation mit irrealen Personen mit Künstlernamen.
- Oft gibt man keine ehrlichen Angaben über sich selbst.

Facebook und Twitter bringen die Leute zusammen

Argumente pro:

- Man kann alte Mitschüler oder ehemalige Freunde wiederfinden.
- Schneller Meinungsaustausch zu aktuellen Themen.
- Man kann Fotos hochladen und teilen.
- Man kann mühelos einen Partner für Internetspiele finden.

Argumente contra:

- Die Menschen, die man dort kennenlernt, sind keine echten Freunde.
- Man muss viel über seine Person veröffentlichen, was aber auch Millionen anderer Internetnutzer lesen können.
- Daten können leicht missbraucht werden.
- Viele nutzen die Anonymität des Internets für böse Zwecke.

E-Mail gegenüber Brief

designed by freepik.com

Vorteile:

- Einfach und kostenlos zu schreiben, senden und empfangen.
- Man kann viele E-Mails in der gleichen Zeit senden und empfangen.
- Räumliche und zeitliche Unabhängigkeit (24 Stunden möglich).
- Globale Kommunikation.
- Man kann einfach Dokumente beifügen.
- Die Daten können vom Empfänger sofort bearbeitet werden.

Nachteile:

- Gefahr von Viren und Hackern.
- Fehlen von persönlichen Unterschriften.
- Stress für den Empfänger, da schnelle Antwort erwartet wird.

Das Handy

designed by 🐦 freepik.com

Vorteile:

- Man ist immer erreichbar in jeder Zeit und in jedem Ort.
- Dadurch kann man jeden anderen Nutzer auf der Welt erreichen und sich mit ihm in Verbindung setzen.
- Sparen von Zeit und Mühe.
- Bessere Qualität der Gespräche.
- Klein, handlich und leicht - also einfach zu tragen.

- Man kann beim Notfall schnell helfen.
- Man kann zwei Handys besitzen: Ein für die Arbeit und ein für das Privatleben.
- Es gibt uns mehr Sicherheit, wenn die Kinder sich mit Freunden treffen oder allein zu Hause bleiben. Auch wenn die alten Menschen allein wohnen.
- Das Smartphone bietet noch weitere Möglichkeiten: Dadurch kann man E-Mails senden und empfangen, Apps zur Kommunikation und zum Lernen nutzen, soziale Netzwerke verwenden.

Nachteile:

- Wenn man immer erreichbar ist, steht man unter Stress.
- Das Smartphone kann süchtig machen.
- Das Smartphone kann zu Isolation führen.
- Das Smartphone kann dazu führen, dass andere Tätigkeiten sowie soziale Kontakte vernachlässigt werden.
- Die übermäßige Nutzung schadet den Ohren und Augen.
- Gesundheitsschädigende Strahlung
- Manche Menschen verwenden das Handy beim Autofahren. Das erhöht das Unfallrisiko. Aus diesem Grund ist es illegal, das Handy während der Fahrt zu benutzen.
- Preise für ein gutes Gerät sind oft zu hoch.

Überwachungskamera auf den öffentlichen Plätzen/
Videoüberwachung im öffentlichen Raum

designed by freepik

Gründe dafür/ Vorteile:

- Stärkung das Gefühl der Sicherheit
- Die öffentlichen Plätze müssen vor Terrorismus und Kriminalität geschützt werden.
- Reduzierung der Diebstähle und Kriminalität.
- Dadurch kann die Polizei leichter die Verbrecher identifizieren.
- Es ist auch eine Dokumentation bei den Ermittlungen und für das Gericht.

Gründe dagegen/ Nachteile:

- Es gilt als eine Verletzung der Privatsphäre, weil alle Personen gefilmt werden, egal ob es nötig ist oder nicht.
- Manchmal gibt es einen Missbrauch der Daten.
- Es verhindert das Verbrechen nicht. Es hilft nur bei der Suche. Vielleicht ist es besser mehr Polizisten einzustellen.
- Oft sind die Verbrecher verschleiert, dann es ist schwer zu identifizieren.
- Die Videotechnik ist auch teuer.

Die klassische Familie- die heutige Familie/ die traditionelle Rollenverteilung

Welche Rolle ist wichtiger in der Gesellschaft (Mann/ Frau)?

designed by freepik.com

Vor dem 21. Jahrhundert gab es eine typische traditionelle Rolle der Männer und Frauen in der Gesellschaft:

- Der Mann ist verantwortlich für die Kosten der Familie.
- Er sorgt für den Familienunterhalt.
- Er muss hart arbeiten, um die Lebenshaltungskosten zu verdienen.
- Die Frau bleibt zu Hause.
- Sie ist verantwortlich für alle Arten der Hausarbeit.
- Sie kümmert sich auch um die Kinder.

In der heutigen Zeit haben Männer und Frauen die gleichen Rechte sowohl im Familienleben als auch im gesellschaftlichen Leben. Männer und Frauen sind gleichberechtigt. Die moderne Frau versucht zwischen Berufstätigkeit und Kindererziehung zu vereinbaren. Beide Rollen sind sehr wichtig.

Familienplanung/ Die Familien werden kleiner

Designed by Freepik.com

Argumente pro:

- Kindererziehung ist teuer in der heutigen Zeit.
- Die Eltern konzentrieren sich besser auf die wenigen Kinder.
- Man kann besser Kindererziehung und Beruf in Einklang bringen.

Argumente contra:

- Die Kinder lernen viel mit Geschwistern, z.B. Dinge zu teilen und Konflikte zu lösen.
- Die reichen Familien können sich mehr Kinder leisten.
- Eine Kinderarme Gesellschaft ist eine Gesellschaft ohne Zukunft.

Wie die Eltern so die Kinder

Designed by Freepik.com

Argumente pro:

- Man stellt immer wieder fest, dass sich Kinder sehr ähnlich oder genauso wie ihre Eltern verhalten.
- Die Eltern erziehen das Kind, d.h. sie beeinflussen seinen Charakter, positiv oder negativ.
- Die ersten Jahre sind wichtig bei der Kindererziehung.

Argumente contra:

- Man soll nicht verallgemeinern, denn einige erfolgreiche Menschen hatten oft kein gutes Elternhaus.
- Die Änderung der Lebensbedingungen spielt auch dabei eine wichtige Rolle.
- Später orientieren sich die Kinder nicht nur an ihren Eltern, sondern auch an anderen Menschen.

Globalisierung

designed by freepik

Unter Globalisierung versteht man den Prozess der weltweiten
Verflechtung in allen Bereichen: Wirtschaft, Politik, Kultur, Umwelt,
Kommunikation ...usw.
Auf der einen Seite gibt es ***Vorteile der Globalisierung***, z. B.

- Überwindung der Grenze und Offenheit gegenüber anderen
  Kulturen.
- Schaffung von neuen Arbeitschancen.

- Austausch von internationalen Arbeitsmöglichkeiten.
- Erhöhung des Wohlstands.
- einfacher & schneller Handel.
- Warenvielfalt und billige Produktionsmöglichkeiten.
- Schnelle Verbreitung der modernen Technologie.
- Besserer Datenfluss.
- Soziale Mobilität.
- Politische Zusammenarbeit bei der Konfliktlösung der internationalen Probleme.
- Gegenseitige Unterstützung der Länder bei den Krisen.
- Rückgang von Armut und Hunger durch die internationalen Spenden.
- Weltweite Verbreitung der Demokratie und Menschenrechte.

Auf der anderen Seite gibt es **Nachteile der Globalisierung**, z. B.
- Man lernt andere Sitten und Bräuche, die mit seiner Kultur nicht vereinbar sind.
- Die wirtschaftliche Abhängigkeit der kleinen Länder.
- Auswirkungen auf das ganze Wirtschaftssystem.
- Verstärkung des Wettbewerbs auf dem Weltmarkt.
- Es ist schwer für die kleinen Unternehmen mit den *global players* mitzuhalten.
- Schlechte Arbeitsbedingungen und Kinderarbeit.
- Reduzierung der nationalen Verantwortung; Probleme können nur international gelöst werden.
- Ausbreitung von Krankheiten und Pandemien durch den Massentourismus oder die Arbeitnehmer aus anderen Ländern.
- Schwierigkeiten bei Grenzkontrolle und Terrorismus.

Ich schließe daraus, dass Globalisierung Zweischneidig ist.

Studiengebühren

designed by **freepik**

Vorteile/ Gründe dafür:

- Sie helfen bei der Verbesserung der Servicequalität an der Schule oder an der Uni durch bessere Kurse, neue Instrumente und Geräte, neue Gebäude und Renovieren.
- Man überlegt besser, bevor man sich an einer Schule oder an einer Uni einschreibt.
- Ohne Studiengebühren ist die Gefahr groß, dass die Studierenden das Studium mehrmals wechseln.

Nachteile/ Gründe dagegen:

- Soziale Ungerechtigkeit: Die Studenten, die die Studiengebühren tragen können, können nur studieren.
- Die Gesellschaft wird zu zwei geteilt: Reiche und Arme.
- Die Studiengebühren können ein Grund für Studienabbruch sein.
- Ein großer Druck auf die Familie und die Studierenden.
- Abwanderung der Studenten: Auf der Suche nach billigen Studiengebühren oder nach einem kostenlosen Studium.
- Wegen Studiengebühren müssen manche Studenten arbeiten.

Studienabbruch/ Studium-Abbruch

Designed by Freepik.com

Mögliche Gründe für einen Studienabbruch:

- Keine Finanzierung, besonders wenn die Studiengebühren teuer sind.
- Tod des Vaters und Übernahme der Verantwortung.
- Das Studienfach gestaltet sich anders als vorgestellt und die Entscheidung für dieses Fach war falsch.
- Das Interesse hat sich geändert.
- Manche Studenten erreichen ihre persönliche Leistungsgrenze und suchen nach Alternativen.

Finanzierung des Studiums

Designed by Freepik.com

Die wichtigsten Studienkosten sind:

- Wohnen: Miete, Strom, Wasser, Müll, Heizung & Wärme, Telefon und Internet.
- Studieren: Semesterbeitrag, Lehrmittel (Fachliteratur, Studienmaterialien), Kopien & Druckerpatronen
- Leben: Krankenversicherung, Lebensmittel, Kleidung, Freizeit und Auto.

Möglichkeiten, um ein Studium zu finanzieren:

Es gibt mehrere Finanzierungsoptionen in Deutschland, z .B.[1]

Finanzierungsform	Vorteile	Nachteile
Finanzierung durch die Eltern	- keine Rückzahlung erforderlich - keine Auseinandersetzung mit verschiedenen Behörden	- kann zu familiären Spannungen führen
BaFöG (Bundesausbildungs-förderungsgesetz)	- nur 50% des Gesamtdarlehens müssen zurückgezahlt werden - kein Zinssatz - Teilerlass möglich	- wird nicht jedem gewährt - Einstellung der Zahlungen bei Überschreitung der Regelstudienzeit oder einem Wechsel des Studiengangs
Studienkredit	- unabhängig vom Einkommen der Eltern und/oder eigenen Vermögensverhältnissen - variabel in Höhe und Umfang - studentenfreundliche Rückzahlungskonditionen	- muss vollständig zurückgezahlt werden - höherer Zinssatz bei Überschreitung der Regelstudienzeit
Bildungskredit	- unabhängig vom Einkommen der Eltern und/oder eigenen Vermögensverhältnissen - Darlehenssumme bleibt überschaubar - studentenfreundliche Rückzahlungskonditionen	- muss vollständig zurückgezahlt werden - Umfang und Dauer sind begrenzt - richtet sich ausschließlich an Studenten, die bereits einen Teil des Studiums absolviert haben
Stipendium	- keine Rückzahlung erforderlich - viele zusätzliche Zuschüsse - Zugang zu exklusiven Praktika und wichtigen Kontakten	- abhängig von akademischen Leistungen - häufig an Gegenleistungen gebunden
Nebenjob	- es entstehen keine Schulden - Abwechslung zum Hochschulalltag	- nimmt Zeit in Anspruch - reicht nicht zur Deckung des gesamten Grundbedarfs aus

---

[1] http://www.abitur-und-weiter.de/finanzen/studienfinanzierung/ (07.02.2020)

Fernstudium/ Fernuniversität

Designed by Freepik.com

Vorteile:

- Eine große Flexibilität: zeitlich und räumlich.
- Normalerweise braucht man nur einen Computer mit Internetzugang.
- Bequem neben dem aktuellen Beruf.
- Eine Gelegenheit zur Weiterbildung, insbesondere für Berufstätige.
- Manchmal ist das Studium ohne Abitur möglich.

Nachteile:

- Die Kosten sind im Durchschnitt teurer als das normale Studium.
- Man studiert oft allein und muss sich selbst motivieren.
- Man erlebt nicht das Leben der Studenten: Keine Studenten-Partys und keine Freundschaften während des Studiums.
- Der Kontakt zu den Lehrkräften ist fast auf das Internet und das Telefon beschränkt.

ONLINE EDUCATION

designed by ☺ freepik

Hochsprache oder Umgangssprache?

Designed by Freepik.com

Standardsprache

Standardsprache wird auch Hochsprache oder Hochdeutsch genannt.

- Unter Standardsprache versteht man eine allgemeine Sprachform, die **in der Öffentlichkeit** gesprochen und geschrieben wird.

- Man verwendet die Standardsprache *Für* **offizielle Anlässe**, zum Beispiel: in der Schule, bei der Arbeit, bei der schriftlichen Kommunikation, bei Bewerbungsgesprächen, bei Bewerbungsschreiben und bei den offiziellen E-Mails.

Umgangssprache

- Unter Umgangssprache versteht man dagegen eine Sprachform, die vor allem *mündlich und* **im privaten Umfeld verwendet wird.** Zum Beispiel bei Freunden oder in der Familie.

- Umgangssprache kommt aber manchmal auch in schriftlicher Form vor, z. B. bei der Kommunikation über *die neuen Medien* (Internet, Handy, Chatten), aber auch in der Literatur, z. B. in *Jugendbüchern*.

Dialekt

- Eine Sprache, die nur **in einer bestimmten Region** gesprochen wird. Zum Beispiel *Bayrisch, Sächsisch, Kölsch*.

- Dialekte werden häufig von älteren Menschen gesprochen und unterscheiden sich von Region zu Region.

Jugendsprache

- Eine Sprachform, die **nur zwischen Jugendlichen** verwendet wird.

- Sie enthält eigene *Begriffe und Redewendungen*, die von den anderen nicht unbedingt verstanden werden.

Kiezdeutsch

- Unter Kiezdeutsch versteht man eine Sprache der deutschen Jugendlichen, die mit *Menschen aus unterschiedlichen Herkünften, Sprachen und Kulturen* zusammenleben.

Warum ist Englisch die wichtigste Sprache der Welt?

Es ist bekannt in der heutigen Zeit, dass Englisch eine Weltsprache ist. Der Grund dafür ist die Hegemonie des Britischen Imperiums in der Vergangenheit und der USA in der heutigen Zeit auf der ganzen Welt.

Vorteile für Englischlernen:

- Die verschiedenen Gruppen brauchen eine Weltsprache, um untereinander kommunizieren zu können.
- Alle Mitarbeiter in Informationszentren sprechen bestimmt ein bisschen Englisch.
- Für Fahrt und Tourismus: Die Schilder sind fast überall auf Englisch beschriftet: Flughäfen, Straßen, Züge, Hotels ... usw.
- Für Arbeit: Die meisten Unternehmen arbeiten auf Englisch, d. h *Business English.*
- Für Studium: Viele Studiengänge sind auf Englisch unterrichtet.
- Für das Internet: Die Meisten Webseiten im Internet sind auf Englisch.
- Englisch ist einfach zu lernen.

Welcher Bereich ist besser für die Zukunft

Designed by Freepik.com

Man sucht eine Ausbildung mit Zukunft. Studiengänge mit Zukunft sollen vor allem zwei Dinge beachten: eine gute Arbeit und ein attraktives Gehalt. ***Die wichtigsten Bereiche sind:***

- Bildung & Erziehung
- Gesundheit, Pflege und Medizin
- Technik, Metall und Maschinenbau
- IT und Elektrotechnik
- Ernährung und Umwelt
- Handel und Logistik

- International Management
- 3D-Design und Management
- Digital Business & Data Science
- Business Administration
- Communication & Media Management

IT und Elektrotechnik

- Die rasanten Fortschritte im Bereich der Computertechnologie und der Telekommunikation.
- Die neuen Techniken und Medien werden auch sich in Zukunft weiterentwickeln.

Deshalb zählen die Berufe aus dem Bereich IT und Elektrotechnik zu den Zukunftsberufen, wie beispielsweise Elektroniker für Geräte und Systeme sowie Fachinformatiker, Programmierer und Web-Entwickler

Bedeutet ein Studium bessere Berufschancen?

Designed by Freepik.com

Argumente pro:

- Studium ist meistens eine Voraussetzung für Berufe mit hohem Ansehen in der Gesellschaft.
- Der Verdienst später ist besser als ohne Studium.
- Erhöhung die Chancen für eine Beförderung.
- Schaffung von neuen Arbeitschancen.
- Mehr Chancen für eine Arbeit im Ausland.

Argumente contra:

- Viele Akademiker sind trotz Studium arbeitslos.
- Viele Berufe, die kein Studium erfordern, garantieren auch ein gutes Einkommen.
- In vielen nicht-akademischen Berufen hat man auch ein gutes Ansehen und Karrieremöglichkeiten z.B. in der Gastronomie.

Wohngemeinschaft (WG)/ allein wohnen

designed by 🎨 freepik

Manchmal muss man in eine andere Stadt teilweise für Studium oder für Arbeit umziehen. Manche bevorzugen in einer Wohngemeinschaft zu leben, statt eine eigene Wohnung zu mieten.

Gründe dafür:

- Man kann die Miete und alle andere Kosten teilen. Das ist von großer Bedeutung für die Studenten, die meistens kein Einkommen haben.
- Man hat kein Gefühl der Einsamkeit.
- Man ist nicht immer für alles verantwortlich.
- Hilfe im Falle der Krankheit.
- Man lernt andere Erfahrungen aus den anderen Mitbewohnern.
- Man kann viel Spaß haben.
- Häufig haben die Eltern Angst, ihre Kinder allein leben zu lassen.

Gründe dagegen:

- Keine persönliche Freiheit und Privatsphäre.
- Manchmal werden die Mitbewohner falsch ausgesucht, dann gibt es Auseinandersetzungen z. B. laute Musik, Unsauberkeit und Unzuverlässigkeit.

Wohngemeinschaften können nur funktionieren, wenn man aufeinander Rücksicht nimmt. Ich bevorzuge allein zu wohnen, denn ich mag die Ruhe.

Argumente pro „allein wohnen":

- Man liebt in Ruhe und wird nicht gestört.
- Man kann den Haushalt machen, wie man es möchte.
- Niemand benutzt/ leiht sich Dinge von einem, ohne zu fragen.
- Keine Auseinandersetzungen über Lärm, Laut sein und Sauberkeit.

Eine eigene Wohnung oder eine Mietwohnung?

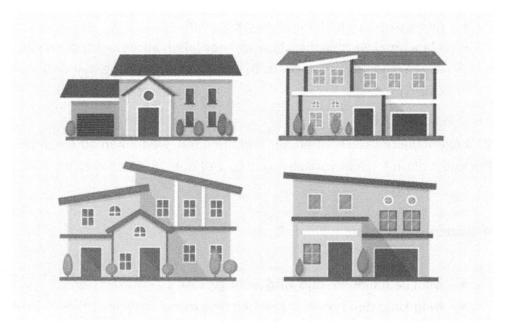

Designed by Freepik.com

Argumente pro „Eigene Wohnung":

- Man kann die Wohnung gestalten oder umgestalten, wie man möchte.
- Keine Probleme mit einem Vermieter, wenn man z.B. Kinder oder ein Haustier hat.
- Eine Art von Stabilität für Familie und Kinder.

Argumente pro „Mietwohnung":

- Man muss Reparaturen nicht selbst bezahlen.
- Man zahlt keine Immobiliensteuer.
- Man ist flexibel, wenn man seine Wohnsituation ändern möchte.
- Man kann durch Suchen eine passende Wohnung mit einem günstigen Preis finden.

Umzug und die Kinder

Designed by Freepik.com

Nachteile:

- Viele Kosten.
- Eine große Strapaze.
- Einige Einrichtung wird kaputt.
- Abschied von der vertrauten Wohnung.
- Abschied von den bekannten Freunden.
- Umzug zu unbekannten Umgebung.
- Andere Schule und neue Freunde.

Bikulturelle Ehe/ Binationale Partnerschaften

designed by freepik

Vorteile:

- Neue Kultur und neue Mentalität zu erleben.
- Die Möglichkeit in zwei Ländern zu leben und die andere Nationalität zu bekommen.
- Die Kinder wachsen zweisprachig auf, was zukünftig berufliche Vorteile hat.

Nachteile:

- Schwierigkeiten beim Lernen anderer Sprache.
- Schwierigkeiten bei der Kommunikation. Man muss lernen: Toleranz, Flexibilität, Offenheit, Verständnis und Kompromissbereitschaft.
- Manchmal gibt es Religionsunterschiede oder verschiedene Glaubensbekenntnisse.
- In manchen Ländern gibt es Probleme mit der Ausländergesetzgebung.
- Manchmal gibt es Probleme und Konflikte in Bezug auf Rollenverteilung und Kindererziehung.
- Spontaneität im Alltag ist von Traditionen und Gewohnheiten geprägt.
- Für eine gute Kommunikation und um Missverständnisse und Konflikte zu vermeiden, sollte man eine ausreichende Sprachkompetenz haben.

Recycling

Designed by Freepik.com

Vorteile:

- Ausbeutung der Abfälle und gebrauchten Sachen.
- Reduzierung der Verwendung von natürlichen Ressourcen.
- Reduzierung der Umweltverschmutzung.
- Vermeidung von Abfällen im Meer.
- Schaffung von neuen Arbeitschancen.

Nachteile:

- Kostet viel Wasser, Geld und Energie.
- Versammlung von verschiedenen Abfällen in einem Platz ohne Trennung. Das vermindert die Qualität der neuen Produkte.
- Die Produkte haben manchmal einen schlechten Geruch.

Umweltschutz ist eine Aufgabe für alle

Designed by Freepik.com

Argumente pro:

- Wir müssen etwas gegen die Umweltverschmutzung tun.
- Das ist von großer Bedeutung für die nächsten Generationen.
- Dafür gibt es viele Möglichkeiten: Radfahren, öffentliche Verkehrsmittel benutzen, zu Fuß gehen, Bioprodukte kaufen, alternative Energieformen nutzen…usw.

Argumente contra:

- Der Umweltschutz kostet Kraft und Geld.
- Bioprodukte sind oft zu teuer.
- Wenn ein Land umweltfreundliche Maßnahmen ergreift und die Nachbarländer nichts unternehmen, ist auch nichts gewonnen.

Vorteile:

- Man kann Überweisungen oder Transaktionen schnell von Wohnzimmer machen.
- Die Zahlungen werden ohne Zeitverzögerung durchgeführt.

Nachteile:

- Es gibt keine sichere Bezahlung wie andere Online-Bezahldienste.
- Man kann seinen Computer vor Viren versuchen zu schützen, aber man ist nicht 100% sicher von Hackern.

Dies wird damit noch verstärkt, dass man sich bei PayPal mit seiner E-Mail-Adresse anmelden muss.

Jugendwahn/ Jungseinwollen

Designed by Freepik.com

Heutzutage möchte man für immer Jung und frisch aussehen, insbesondere die Schauspieler und die Sänger. Aus diesem Grund machen viele Menschen Schönheitsoperationen und Haarfärbungen.

Gründe dafür:

- Alter macht Angst.
- Um schöner und attraktiver auszusehen, besonders bei Frauen.
- Manche Berufe erfordern, dass man jung aussieht.
- Es gibt zu viele Vorurteile über die Leistungsfähigkeit der alten Menschen: krankheitsanfällig, weniger Leistung, teuer und unproduktiv.

Gründe dagegen:

- Die Gesichtsausdrücke wie die Falten zeigen das unnatürliche Aussehen.
- Der Wert des Menschen ist nicht nur in seinem Aussehen.
- Manche Berufe brauchen große Erfahrungen, die bei den alten Menschen erwartet werden.

Braucht man viel Mode?

Designed by Freepik.com

Argumente pro „viel Mode":

- Kleider machen Leute.
- Jeder Mensch möchte gefallen und mit seinem Aussehen Eindruck machen.
- Jeder neue Modetrend macht das Leben interessanter.

Argumente contra „viel Mode":

- Was wirklich zählt, ist der Charakter jedes Menschen.
- Die inneren Werte sind mehr wichtiger.
- Das Äußere Aussehen ist nur eine „Verpackung".

Gefängnis

Designed by Freepik.com

Heutzutage ist die Haftstrafe eine der verbreitetsten Strafen in der ganzen Welt. Viele Länder verzichteten schon auf Todesstrafe.

Vorteile:

- Die Aufgabe der Gefängnisse ist die Umerziehung der Straftäter, damit sie in der Zukunft ein normales Leben führen könnten.
- Eine Möglichkeit zur Veränderung des schlechten Verhaltens.
- Mit der Sperre der Verbrecher im Gefängnis ist das Leben in der Gesellschaft sicherer.
- In manchen Gefängnissen gibt es Psychologen und Sozialarbeiter.
- In manchen Gefängnissen haben die Häftlinge eine Chance, eine Ausbildung zu bekommen.

Nachteile:

- In vielen Ländern sind die Haftbedingungen unmenschlich.
- Manche Straftäter werden nach ihrer Entlassung wieder Verbrecher.
- Nach der Entlassung vom Gefängnis hat man mehrere Probleme: die Finanzierung, eine Arbeit zu finden und die gesellschaftliche Ablehnung.
- Die Meisten der Menschen glauben, dass wer einmal kriminell war, bleibt kriminell.

Abschließend kann man sagen, dass Haftstrafe eine Maßnahme zur Reform und Veränderung des schlechten Verhaltens ist.

Wahl der Politiker

Argumente pro:

- Wahlen gehören zur Demokratie und gelten als Möglichkeit die Politiker an die Macht zu bringen.
- Man hat als Bürger einen Einfluss auf die Politik und ist dadurch mitverantwortlich.
- Die gewählten Politiker gelten als der Spiegel der Gesellschaft.

Argumente contra:

- In vielen Ländern gibt es keine Demokratie und keine freien Wahlen.
- In manchen Ländern gibt es Wahlfälschung.
- Mindestens alle vier Jahre wählen zu können.
- Viele Politiker versprechen vor den Wahlen vieles, was sie später nicht halten. Dadurch erfüllen sie nicht die Wünsche des Volkes.

Gesunde Ernährung

Designed by Freepik.com

Die gesunde Ernährung ist ein wichtiger Grundstein für ein glückliches, gesundes und aktives Leben. Die Vorteile einer gesunden Ernährung sind umfangreich.

Vorteile:

- Erhaltung der Gesundheit.
- Man fühlt sich gesünder und vitaler.
- Man genießt einen gesunden Allgemeinzustand.
- Verbesserung der Leistung und Konzentration.
- Verstärkung des Immunsystems.
- Verstärkung der Muskeln und Knochen.
- Vermeidung von Krankheiten.
- Vermeidung von Schwäche und Müdigkeit.

Gemüse und Obst

Designed by Freepik.com

Argumente pro:

- Gemüse und Obst schützen vor vielen Krankheiten.
- Gut für die Verdauung.
- Was regional und saisonal angeboten wird, ist frei von bestimmten chemischen Zusatzstoffen.

Argumente contra:

- Einige Obst-und Gemüsesorten enthalten weniger Vitamine und andere wichtige Stoffe.
- Bioprodukte sind zwar gesund, aber oft teuer.

Designed by Freepik.com

Bio-Lebensmittel sind solche Lebensmittel, die aus ökologischer
Landwirtschaft kommen.
Sind Bio-Lebensmittel gesünder?
Häufig wird uns die Frage gestellt, ob Bio-Lebensmittel gesünder sind.
Diese Frage ist nicht so einfach zu beantworten.

Vorteile:

- Bio-Lebensmittel haben bestimmte gesundheitliche Werte.
- Enthalten eine Menge Vitamine.
- Bio-Lebensmittel reduzieren das Krebsrisiko.
- Die Produktionsmethoden zur Herstellung von Bio-Lebensmitteln sind zweifellos umweltfreundlich.
- In der Bio-Landwirtschaft sind deutlich weniger Zusatzstoffe erlaubt.
- Biofleisch ist auch gesünder. Die Tiere, von denen das Fleisch stammt, werden nicht mit Hormonen und Antibiotika behandelt.

Nachteile:

- In manchen Ländern sind Bioprodukte teurer als konventionelle Produkte.
- Bioprodukte können nur in Bioläden und auf Bauernhöfen gekauft werden.
- Kürzerer Haltbarkeitszeitraum.
- Bio bedeutet nicht immer auch eine einheitliche Bio-Qualität. Es gibt nämlich unterschiedliche Arten von Bio- Siegeln.

Plastik/ Plastikverpackungen/ Kunststoffe

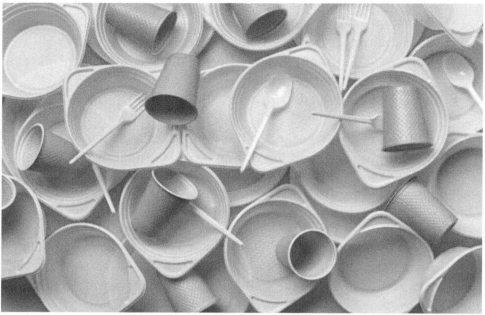

Designed by Freepik.com

Vorteile:

- Plastik ist leicht zu tragen.
- Plastik ist flexibel. Es lässt sich leicht formen.
- Plastik ist rein. In der Medizin wird Plastik besonders häufig genutzt.
- Plastik hat eine glatte Oberfläche.
- Plastik ist hitzebeständig. Fast alle Kunststoffe sind Nichtleiter. Sie isolieren gut gegen Elektrizität und Wärme.
- Kunststoffe oxidieren nicht.

Nachteile:

- Kunststoffe sind nicht besonders kratzfest.
- Sie haben meist eine geringe Temperaturbeständigkeit.
- Viele Kunststoffe sind brennbar.
- Plastik ist schwer zu recyceln.
- Plastik kann giftig sein.
- Sie können von organischen Lösungsmitteln angegriffen werden.
- Kunststoffe verrotten nur sehr langsam. Plastik ist nicht biologisch abbaubar. Aus diesem Grund findet man große Menge von Plastikmüll in der Umwelt.

Designed by Freepik.com

Rauchen/ Rauchverbot

Designed by Freepik.com

Nachteile von Rauchen:

- Große Kosten.
- Schadet der Gesundheit.
- Stört den Partner oder die Partnerin (mit Verfärbungen auf den Zähnen und Fingernägeln).
- Man ist immer von einer Zigarette wie ein Sklave abhängig. Wenn man keine Zigaretten hat, hält man Ausschau nach einem Zigarettenautomaten.
- Wenn die Eltern rauchen, beginnen die Kinder auch zu rauchen.
- Passivrauchen ist ein großes Problem. Die Anderen rauchen unfreiwillig mit, zum Beispiel Kinder oder weitere Familienangehörige.

Rauchverbot in öffentlichen plätzen

Vorteile:

- Erhaltung der Gesundheit der Nichtraucher, um die negativen Auswirkungen des Passivrauchens zu vermeiden.

Nachteile:

- Das stoppt nicht den Raucher vom Rauchen.
- Verletzung der persönlichen Freiheit.

Meiner Meinung nach ist, dass man einen bestimmten Platz für die Raucher feststellen sollte. Die Schüler dürfen ab einem bestimmten Alter rauchen.

Sollte man das Rauchen im Allgemeinen verbieten?

Designed by Freepik.com

Argumente pro:

- Rauchen ist ein hohes Gesundheitsrisiko.
- Rauchen kostet viel Geld.
- Junge Menschen müssen geschützt werden.
- Ein generelles Verbot würde den Nichtrauchern helfen.

Argumente contra:

- In öffentlichen Räumen gibt es schon ein Rauchverbot.
- In Restaurants gibt es auch eine rauchfreie Zone.
- Die Menschen kennen schon die Gefahren des Rauchens, deswegen gilt Rauchen als eine persönliche Entscheidung.

Hat das Wetter einen Einfluss auf unser Leben?

Designed by Freepik.com

Argumente pro:

- Bestimmte Wetterphänomene wirken sich auf die Psyche und die Laune aus.
- In Gebieten mit regelmäßigen Sturmen oder Tornados leben die Menschen mit ständiger Existenzangst.
- Stürme, Hochwasser oder Tornados vernichten die Häuser und vertreiben die Menschen.

Argumente contra:

- Die Menschen einer Region leben seit Jahrtausenden an diesem Ort und haben sich an die Wetterbedingungen gewöhnt.
- Durch Wettervorhersage in der heutigen Zeit kann man alles vorher wissen und die entsprechenden Maßnahmen ergreifen.

Werbeanzeigen/ Werbung

Vorteile:

- Werbeanzeigen informieren uns über die neuen Produkte und Angebote.
- Werbeanzeigen finanzieren manche Sendungen, Sportereignisse und Konzerte.
- Durch Konkurrenz werden die Preise billiger.
- Einige Werbeanzeigen sind lustig.
- Schaffung von neuen Arbeitschancen.

Nachteile:

- Viele Werbeanzeigen lügen und versprechen die beste Qualität der Produkte.
- Einige Werbeanzeigen sind manchmal ärgerlich und langweilig, weil sie sich die ganze Zeit wiederholen.
- Man kauft manchmal Produkte, die schädlich für die Gesundheit sind.
- Werbung erhöht den Konsum. Man kauft manchmal Produkte, die man dringend nicht braucht.

Prüfung

Designed by Freepik.com

Vorteile:

- Dadurch kann man das Wissen und das Niveau der Studenten anhand von verschiedenen Fragen prüfen.
- Wenn der Student die Prüfung besteht, bekommt er ein Zertifikat.
- Erhöhung die Fähigkeit, die komplizierten Aufgaben zu lösen.

Nachteile:

- Ein großer Stress für Studenten und Familie.
- Wenn der Student krank ist oder wenn es einen Todesfall in der Familie gibt, kann der Student die Prüfung nicht bestehen oder bekommt er schlechte Noten.
- Die Prüfung misst nicht immer das reale Niveau.

Onlineprüfung/ Online-Tests

Designed by Freepik.com

Vorteile:

- Schnell, flexibel und innovativ.
- Ergebnisse sind direkt verfügbar.
- Wenige administrative Maßnahmen.
- Sparen von Papier.

Nachteile:

- Onlineprüfung ist von Geräten und einer stabilen Internetverbindung abhängig.
- Es gibt keine automatische Auswertung der offenen Fragen wie Schreiben und Aufsätze.
- Fälschungsrisiko: der Test kann von einer anderen Person bearbeitet werden.

Keine Noten mehr in der Schule

Designed by Freepik.com

Argumente pro:

- Man lernt für die gute Note, nicht für das Fach.
- Noten führen zu starker Konkurrenz unter den Schülern.
- Der Lehrer ist kein Gott, der alles immer richtig und gerecht beurteilt.
- Noten sind für viele Lehrer als ein Machtinstrument.

Argumente contra:

- Noten beurteilen Leistung.
- Noten können die Leistung der Schüler genau anzeigen.
- Ohne den Druck durch schlechte Noten hätten faule Schüler keinen Grund, sich ein bisschen anzustrengen.

Warum findet man in klassischen Konzerten fast nur die Alten?

Warum haben Jugendliche kein Interesse an klassischer Musik?

Designed by Freepik.com

Gründe für das Interesse an klassischer Musik:

- Die klassische Musik repräsentiert die Kultur einer bestimmten Altersklasse.
- Die klassische Musik enthält klassische Werke und traditionelle Stücke, dafür fast nur die Alten sich interessieren.
- Die klassische Musik ist von bekannten Sängern abhängig wie … in meinem Heimatland.

Gründe für das Desinteresse an klassischer Musik:

- Die Jugendliche in der heutigen Zeit mögen nicht die Länge und die die Stille der klassischen Stücke. Heute ist das Leben schneller.
- Sie ist keine attraktive Atmosphäre für Jugendliche.
- Die moderne Musik bietet den Jugendlichen dagegen Shows, Partys und Videoclips.

Einen Kompromiss eingehen

Designed by Freepik.com

Einen Kompromiss einzugehen, kann schwierig sein, entweder auf der Arbeit oder mit dem Partner.
Glücklicherweise gibt es Wege, um einen Kompromiss einfacher einzugehen.

- Man soll einen passenden Zeitpunkt und eine passende Atmosphäre auswählen.
- Man soll ruhig, nett und respektvoll sein.
- Man soll offen und ehrlich sprechen.
- Was man sagt, muss vernünftig sein.
- Man muss dem Gesprächspartner zuhören.
- Man sollte nicht dem Gesprächspartner zeigen, dass er gewinnen zu versuchen.

Lotterie

Es ist auffällig in der heutigen Zeit, dass viele Menschen sich für Glücksspiele in ihrer Freizeit interessieren. Dabei gibt es zahlreiche Spiele: Automaten, Poker, Bingo und Lotto oder Lotterie.

Vorteile:

- Ein Versuch viel Geld in kurzer Zeit ohne Mühe zu gewinnen.
- Wenn man Glück hat und gewinnt, wird man Millionär.
- Spannung in den Alltag zu bringen.
- Es gibt auch die Online-Lotterie, die durch automatische Gewinnermittlung und die Spielhistorie gekennzeichnet.

Nachteile:

- Sehr wenige Menschen gewinnen in diesem Spiel.
- Man gibt sein Geld aus, ohne Garantie zu gewinnen.
- Leihen von Geld und Schulden.
- Zwangsgefühl.

Der Streik

Designed by Freepik.com

Es ist auffällig in der heutigen Zeit, dass es eine Auseinandersetzung über den Streik gibt.

Gründe dafür:

- Der Streik gehört zu den demokratischen Prinzipien.
- Es ist ein Druckmittel um die Rechte zu bekommen: für eine bessere Bezahlung und bessere Arbeitsbedingungen.

Gründe dagegen:

- Er hat unangenehme Folgen: Die Schulen bleiben geschlossen, der Müll bleibt auf der Straße, im Krankenhaus ist nur der Notdienst erreichbar, der Zug hat Verspätung … usw.
- Einige Fahrten und Reisen müssen verschoben werden.

Meinung: Es gibt einige Unternehmen, von denen die gesamte Gesellschaft abhängig ist, wie zum Beispiel die Bahn. Bei solchen Unternehmen sollte der Streik verboten werden.

Organspende

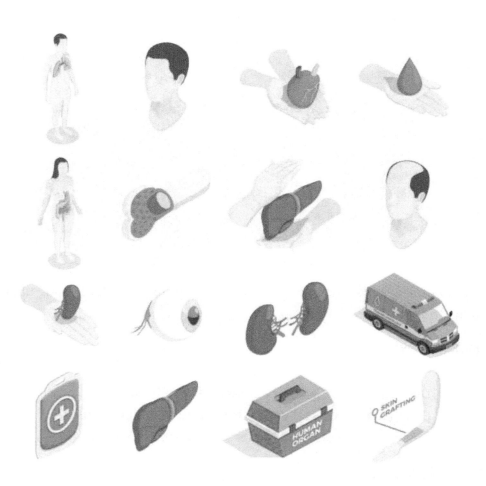

Designed by Freepik.com

Vorteile:

- Organspende rettet das Leben und verbessert die Gesundheit der anderen.
- Man kann mit mehreren Organen spenden (wie Herz, Lunge, Leber und Nieren), und dadurch viele Menschen retten.
- Nach dem Tod braucht man nicht die Organe. Auf diese Weise hat der Körper nach dem Tod wenigstens einen Sinn.
- Die Hirntod-Diagnose sichert die Operation.
- Es ist ein freiwilliges Geschenk und eine persönliche Entscheidung. Kein Zwang. Heutzutage gibt es in Deutschland einen Organspendeausweis.
- Die Entscheidung für eine Organspende ist nicht bindend. Man kann später jederzeit seine Meinung ändern oder bestimmte Organe von der Spende ausnehmen.

Nachteile:

- In wenigen Fällen passieren Infektionen.
- Wenn der Spender vor dem Tod spendet, muss er regelmäßige Untersuchungen beim Arzt machen.

Albträume

Designed by Freepik.com

Der Albtraum ist ein schrecklicher Traum mit Angst und negativen Gefühlen. Bekannte Albträume sind: Tod oder Verlust, Fallen, Verfolgung, Gelähmt sein und Zuspätkommen.

Ursachen von Albträumen:

- Der Stress und die starke psychische Belastung
- Ängste und Sorgen
- Gewalt oder Missbrauch
- Religiöse Erfahrungen
- Einige Krankheiten und bestimmte Medikamente

Geschwindigkeitsbegrenzung der deutschen Autobahnen/ Tempolimit auf Autobahnen

Designed by Freepik.com

Heutzutage gibt es eine Auseinandersetzung (Debatte) in Deutschland über Tempolimit auf Autobahnen.

Gründe dafür:

- Vermeidung oder Reduzierung der Unfälle, um Menschenleben zu behalten. In einem Bericht des Statistischen Bundesamtes steht es, dass im Jahr 2017 fast 21.000 Unfälle auf deutschen Autobahnen passierten, bei denen Menschen verletzt wurden, über 400 Menschen starben.

Gründe dagegen:

- Man muss langsam fahren, deshalb muss man die Fahrt früh beginnen.
- Wenn man schneller fährt, bekommt man eine Strafe.
- Einschränkung der individuellen Freiheit des Einzelnen.
- Die deutsche Autoindustrie befürchtet negative Einflüsse auf die Verkäufe.
- Deutschland hat die besten Autobahnen der Welt.
- Es wäre nur sinnvoll bei schlechtem Wetter, aber nicht bei schönem Wetter.

In meinem Heimatland (...) passieren viele Unfälle und manche Menschen sterben. Beispiele für die verschiedenen Geschwindigkeiten in meinem Heimatland:

Innerhalb der Stadt ... (60) km.

Außerhalb der Stadt ... (80) km.

Auf der Hauptstraße ... (100) km.

Präsentationsformen

Für die unterschiedlichen Vorträge, Seminare und Projekte gibt es unterschiedliche Präsentationsformen. Zum Beispiel: *PowerPoint, Projektor, Flipchart und Pinnwand.*
Es gibt keine ideale Lösung für alle Vorträge. Man soll selbst auswählen.
Deshalb soll hier Vor- und Nachteile der unterschiedlichen Präsentationsformen dargestellt werden:

PowerPoint

Designed by Freepik.com

Vorteile:

- Einfacher Transport in digitaler Form.
- Multimedia-Effekte sind möglich.
- Eine feste Struktur und Organisation des Vortrags.
- Eine gute Unterstützung wenn man den nächsten Punkt vergisst.
- Durch die graphische Unterstützung kann man die Aufmerksamkeit der Zuschauer besser erlangen.
- Man kann Änderungen und Aktualisierungen auch im letzten Moment durchführen.

Nachteile:

- Der Raum muss häufig verdunkelt werden. Einige Menschen verlieren dadurch die Entspannung und die Konzentration.
- Die Technik ist von einem Präsentator (Projektor) abhängig.
- Nicht alle können PowerPoint richtig verwenden. Es erfordert besondere Kenntnisse des Programmes.
- Die Gefahr, dass man sich auf seine Präsentation verlässt und seine eigene Erklärung vergisst.

Projektor

Designed by Freepik.com

Vorteile:

- Dadurch kann man die Aufmerksamkeit der Zuschauer besser erlangen.
- Eine feste Struktur und Organisation des Vortrags.
- Eine gute Unterstützung wenn man den nächsten Punkt vergisst.
- Dadurch kann man Texte, Bilder und Videos präsentieren.
- lange Lebensdauer und wenige Unterhaltskosten.
- Kann als Heimkino verwendet werden.

Nachteile:

- Es braucht eine geeignete weiße Projektionsfläche oder Leinwand.
- Die Bildqualität ist noch nicht 100% rein und klar.

Flipchart

Designed by Freepik.com

Vorteile:

- Leicht und einfach zu benutzen.
- Die Informationen sind während des Vortrags verfügbar.
- Man kann die Charts wieder verwenden.

Nachteile:

- Korrekturen sind schwierig.
- Geeignet für kleine Gruppen.

Pinnwand

Vorteile:

- Einfach zu benutzen.
- Die Informationen sind während des Vortrags verfügbar.
- Großer Spielraum zum Verändern.
- Große Interaktion mit den Teilnehmern.
- Die Ergebnisse entwickeln sich in der gleichen Zeit mit der Präsentation.

Nachteile:

- Geeignet für Gruppen bis 20 Teilnehmer.
- Beim Schreiben ist Disziplin nötig.
- Wenige Möglichkeiten zur Wiederverwendung.

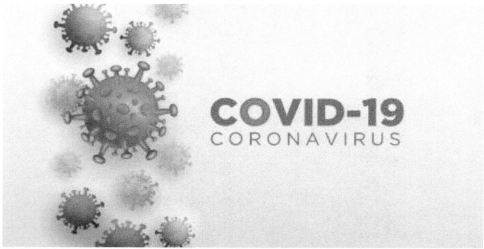

Designed by Freepik.com

Seit 2020 ist das Coronavirus eine weltweite Pandemie und alle müssen Masken des Mund-Nasen-Schutzes anziehen. In vielen Ländern wurde eine Maskenpflicht beim Einkaufen und im öffentlichen Nahverkehr angeordnet.

Die Regierungen haben verschiedene Notfallmaßnahmen im Kampf gegen die Pandemie ergriffen, wie z. B. Maskenpflicht beim Einkaufen und im öffentlichen Verkehrsmitteln, Ausgangssperre und der verschärfte Lockdown. In manchen Ländern gibt es aber Proteste dagegen.

Argumente pro:

- Das Coronavirus ist eine gefährliche und sich schnell ausbreitende Pandemie.
- Die Pandemie führte zur Verletzung und zum Tod von Millionen Menschen in der ganzen Welt.
- Die Regierungen haben das Recht, verschiedene Notfallmaßnahmen im Kampf gegen die Pandemie zu ergriffen.
- Das hilft bei der Verminderung der Infektionszahlen.

Argumente contra:

- Das schränkt die Freiheit des Menschen ein.
- Die Menschen können selbst die passenden Maßnahmen feststellen.
- Beim Lockdown stoppt das Leben und alle müssen zu Hause bleiben.
- Dies führt in manchen Ländern zum Reisestopp und Flugverbot.
- Darüber hinaus führen diese Maßnahmen zum Rückgang der Wirtschaft und zur Zunahme der Arbeitslosigkeit.

Das zweite Kapitel: Wichtige Sätze beim Schreiben und Sprechen

Designed by Freepik.com

- Es spielt eine wichtige Rolle bei (in) ...
- Es spielt eine vitale Rolle bei (in) ...
- Es spielt eine besondere Rolle bei (in) ...
- Es spielt eine zentrale Rolle bei (in) ...
- Es spielt eine große Rolle bei (in) ...
- Es spielt eine außerordentliche Rolle bei (in) ...
- Es spielt keine Rolle bei (in) ...
- ... und ... sind zwei Prozesse, die man voneinander nicht trennen kann.
- Hier stellt sich die Frage, ...
- Kein Wunder, dass ...
- Es ist kein Wunder, dass ...
- Es ist nicht verwunderlich, dass ...
- Deshalb es ist nicht verwunderlich, dass ...
- Es ist zu bewundern, dass ...
- Es ist zu erwähnen, dass ...
- Es ist zu bemerken, dass ...
- Es ist zu beachten, dass ...
- Es ist zu berücksichtigen, dass ...
- Es ist zu fürchten, dass ...
- Es ist zu befürchten, dass ...
- Es besteht die Befürchtung, dass ...
- Es ist zu erklären, dass ...
- Es ist zu erwarten, dass ...
- Man erwartet, dass ...
- Man wartet darauf, dass ...
- Es ist zu empfehlen, ... zu+ Verb
- Es ist zu bezweifeln, ob (dass) ...
- Es ist zum Verzweifeln, dass ...
- Es ist anzunehmen, dass ...
- Es ist doch wohl anzunehmen, dass ...
- Es kann angenommen werden, dass ...
- Wir lehnen daher die Annahme ab, dass ...
- Es ist auffällig, dass ...
- Es ist selbstverständlich, dass ...

- Es ist verboten, dass ….
- Es ist bekannt, dass …
- Es ist wohl bekannt, dass ….
- Es ist allgemein bekannt, dass …
- Es ist möglich, dass …
- Es ist unmöglich, dass …
- Es ist aber auch möglich, dass …
- Es kann passieren, dass …
- Es könnte sein, dass …
- Es scheint klar, dass …
- Es ist nicht schwierig, dass …
- Es ist nicht leicht, dass …
- Es ist ganz natürlich, dass …
- Es ist allgemein anerkannt, dass …
- Man kann nicht leugnen, dass …
- Niemand kann leugnen, dass …
- Es ist die passende Zeit für…
- In den letzten Zeiten ist … zurückgegangen.
- Unter dem Begriff "…" versteht man…
- Man versteht unter dem Begriff "…".
- Auf diese Weise …
- Auf diese Weise sparen wir Zeit und Mühe.
- Es ist Zweischneidig.
- Ich bin der Meinung, dass …
- Ich bin der Auffassung, dass …
- Meiner Meinung nach ist …
- Ich bin der gleichen Meinung.
- Nach meiner Auffassung ist …
- Man kann behaupten, dass …
- Niemand kann behaupten, dass ….
- Man hat oft behauptet, dass ….
- Es wird häufig behauptet, dass …
- Es sei falsch zu behaupten, dass…
- Niemand kann sagen, dass ….
- Das ist sicher abzulehnen, weil …
- Es ist nicht zu akzeptieren, dass …

- Das ist nicht akzeptiert.
- Das ist nicht akzeptierbar.
- Wir müssen akzeptieren, dass ...
- Wir können nicht akzeptieren, dass ...
- Dieses Argument kann nicht akzeptiert werden, weil ...
- Dasselbe Phänomen wiederholt sich in anderen Bereichen.
- Es ist nicht gerecht, dass ...
- Ich möchte hinzufügen, dass ...
- Es sollte vielleicht noch hinzugefügt werden, dass ...
- Es kam nicht von ungefähr, dass ...
- Es ist kein Zufall, dass ...
- Es ist ein seltsamer Zufall, dass ...
- Es ist zu bezweifeln, ob (dass) ...
- Es muss allerdings bezweifelt werden, ob ...
- Es sollte nicht vergessen werden, dass ....
- Man sollte nicht vergessen, dass ...
- In diesem Zusammenhang ...
- Auf diesem Gebiet ...
- Wie das Sprichwort sagt ...
- Als Antwort auf diese Frage ...
- Der beste Beweis dafür ist, dass...
- Es handelt sich um ...+ Akk.
- Es geht um ...+ Akk.
- Im Kern geht es darum, ...
- Im Kern geht es dabei darum, dass ...
- Die Leute in meinem Heimatland folgen diesem Trend auch.
- Und das spiegelt sich auch in ... wider.
- Dabei gibt es natürlich gute Argumente
- Dabei ist es wichtig, dass ...
- Wir sollen uns mit ... beschäftigen.
- Vielleicht kann ich noch ein Beispiel bringen ...
- Ich möchte dazu sagen, dass ...
- Ich kann Ihnen aus Erfahrung sagen, dass ...
- In meinem Heimatland ist das Genauso .../ ganz anders
- Wie schon vorher gezeigt wurde, ...
- Im Unterschied zu ... ist ...

- Im Gegensatz zu ...
- Auf der einen Seite ...
- Einerseits ...
- Auf der anderen Seite ....
- Andererseits ...
- Es ist eine bekannte Tatsache, dass ...
- Hierzu kann man ein gutes Beispiel anführen:
- Beispielsweise ist ...
- Möglicherweise ...
- Die Wissenschaft hat lange gerätselt, was ...
- Diese Tatsache lässt sich zurückführen auf ...
- Eine Erklärung dafür wäre ...
- Im Gegensatz dazu meine ich ...
- der wichtigste Aspekt des Themas.
- Unter Berücksichtigung von ...
- Ohne Berücksichtigung von ...
- Man muss Berücksichtigung, dass ...
- Unter Mitwirkung von ...
- Ohne Mitwirkung von ...
- Unter Mitarbeit von ...
- Unter Protektion von ...
- Wenn man alle diese Aspekte berücksichtigt, ist festzustellen, dass ...
- Dies könnte auf den ersten Blick positiv erscheinen, aber ...
- Das könnte dazu führen, dass ...
- Das könnte folgende Konsequenzen haben ...
- Hierzu kann ich aus meiner persönlichen Erfahrung ein gutes Beispiel anführen ...
- Zu diesem Thema möchte ich mit einem Beispiel aus eigener Erfahrung beginnen ...
- Der größte Vorteil der/ des ... ist ...
- Der beste Vorteil der/ des ... ist ...
- Im Gegensatz zu den genannten Vorteilen gibt es doch große Nachteile wie ...
- Vielleicht gibt es noch eine Alternative: ...

- Dieses Problem kann man von verschiedenen Seiten betrachten/ interpretieren …
- Man soll sich dabei auf positive
- Veränderungen konzentrieren.
- Im Vergleich mit …
- Ich schließe daraus, dass …
- Aus Gründen, die hier nicht erläutert zu werden brauchen, …
- Davon lernen wir, dass …
- Wie wir sehen werden …
- Erstens:
- Zweitens - und das ist viel wichtiger-
- Drittens:
- Es sollte jedoch klar sein, dass …
- Vielleicht genügt hier der Hinweis, dass …
- Wie wir gesehen haben, …
- Es kann sein, dass …
- Um Missverständnisse zu vermeiden, muss betont werden, dass …
- Dazu ist zu sagen, dass …
- In anderen Fällen kann man …
- … zielt nicht nur auf …, sondern auch auf …
- Du sollst nicht glauben, dass …
- Es gibt keinen Unterschied zwischen …
- Es könnte schon sein, dass …
- Es braucht nicht gesagt zu werden, dass …
- Es war einmal …
- von Zeit zu Zeit
- von Generation zu Generation
- früher oder später
- Jetzt und in Zukunft
- in allernächster Zukunft
- in naher Zukunft
- in ferner Zukunft
- im besten Fall
- in diesem Fall
- in voller Bereitschaft

- durch alle Epochen
- in der letzten Zeit
- in letzter Zeit
- in der heutigen Zeit (= Heutzutage)
- in kurzer Zeit
- seit kurzer Zeit
- seit Kurzem ...
- seit langer Zeit
- in der selben Zeit
- in der gleichen Zeit
- gleichzeitig
- auswendig lernen
- (sein) + von großer Bedeutung.
- (sein) + von großem Interesse
- Vor allem ...
- Trotz alledem ...
- In der Tat ...
- in Wirklichkeit
- (Service) auf höchstem Niveau
- auf niedrigem Niveau
- auf mittlerem Niveau
- auf gleichem Niveau
- zu Fuß
- aus Versehen
- durch Zufall
- Schon bald ...
- Umfassende Informationen gibt es im Internet unter ...
- Weitere Informationen finden Sie unter ...
- Für weitere Informationen besuchen Sie unsere Website ...
- Wir würden Zeit und Mühe sparen.
- Um Zeit und Mühe zu sparen.
- dieselbe Sachen
- Stellen Sie sich vor, dass ...
- Beachten Sie aber, dass ...
- Achten Sie darauf, dass ...
- Es hängt davon ab, dass ...

- Darüber hinaus …
- Es wurde zur Gewohnheit, dass …
- Es ist Tradition, dass …
- Jeder weiß, dass …
- Ich bin nämlich als … tätig
- (seine Rede) mit den Worten schließen, …
- Ich hoffe sehr, dass …
- Man kann nicht …
- Man kann sich nicht vorstellen, dass …
- Ich kann mir nicht vorstellen, dass …
- Man sagt, dass …
- Man kann sagen …
- Wie man sagt …
- Viele (leute) sagen …
- Manche Leute sagen, dass …
- … und Viele andere
- Die allgemeine Meinung ist …
- Die herrschende Meinung ist …
- Die herrschende Meinung ist kein Argument.
- Es ist geschichtlich erweisen, dass …
- Das kommt daher, dass …
- Die ideale Lösung
- Das ideale Mittel
- Es wäre noch viel zu sagen!
- zum Segen der Menschheit
- Es ist ein Trost, dass …
- Man muss voraussetzen, dass …
- Vorausgesetzt, dass …
- und umgekehrt
- Er verdient nicht genug, um seine Bedürfnisse zu befriedigen.
- Man erfährt aus diplomatischen Kreisen, dass …
- In dem Vertrag heißt es, dass …
- Ich habe gehört, dass …
- Alles, was in unserer Macht steht.
- Keine Macht der Welt konnte verhindern, dass …
- Er konnte nicht verhindern, dass …

- Richtige Erziehung
- zur richtigen Zeit
- Die richtigen Umstände
- Das hat etwas zu bedeuten.
- Das hat viel zu bedeuten.
- Das hat nichts zu bedeuten.
- (sein) + von großer Bedeutung.
- Diese Worte bedeuten, dass ...
- Das muss nicht bedeuten, dass ...
- Dies war nicht das einzige Motiv für ...
- Das unterscheidet sich klar von ...
- Klar und deutlich
- Das Gesetz sagt klar, dass ...
- Das Gesetz bestimmt, dass ....
- Manchmal besteht Zweifel, ob ... oder ...
- In den meisten Fällen .../ gibt ...
- In solchen Fällen ...
- Wie es erwähnt wurde
- Es geht die Rede, dass ...
- Bei den Verhandlungen ging es um ...
- Wenn es richtig ist, dass ..., dann ...
- Aber nicht nur ..., sondern auch ....
- Aus alledem ergibt sich, dass ...
- Man war einhellig der Meinung, dass ...
- Es ist nötig, dass ...
- Es ist notwendig, dass ...
- Aus meiner Sicht ist es notwendig, dass ...
- Dabei ist es nicht nötig, ...zu ...
- Nehmen wir einmal an, dass ...
- Wenn wir annehmen, dass ..., dann
- Es hat den Anschein, dass ...
- (als ob) ...
- Ihm ist aufgegangen, dass ...
- Er hat in seinem Buch viele falsche Behauptungen aufgestellt, so z. B. die, dass ...
- Wir dürfen nicht glauben, dass ...

- Studien belegen, dass ...
- Die Greuel des Krieges
- In diesem Augenblick ...
- In Anlehnung an ...
- Ausgefertigt in ... am ...
- datiert am ...
- Aber nicht alle + Pl ....
- An diesem Einwand ist richtig, dass ...
- Es ist daher verständlich, dass ...
- So ist es oft nicht zu vermeiden, dass ...
- teils mit, teils ohne ...
- Es ist sicher, dass ...
- Es ist oft schwierig zu entscheiden, ob ... oder ....
- Es ist eine unversiegbare Quelle
- Es liegt darin, dass ...
- In dem Maße, dass ...
- Ich neige zur Ansicht, dass ...
- Es mag hier auch erwähnt sein, dass ...
- ... erscheint dunkel und widersprüchlich.
- Er beobachtete jedoch, dass ...
- Dabei muss jedoch beachtet werden, dass...
- ... erlebte eine Blüte auf allen Gebieten.
- Es ist keine Kunst zu zeigen, dass ....
- Erinnern wir uns, dass ...
- Ich kann mich gut erinnern, dass ...
- Nun ist zu fragen welche, wo, wer ....
- Die Beispiele zeigen, dass ...
- zu Ehren von ...
- Auf Einladung von ....
- Diese Sache erlaubt keine Verzögerung.
- Diese Sache lässt keine Verzögerung zu.
- Eine Wahrheit, die keinen Zweifel erlaubt.
- Es schadet nichts, dass ...
- Das werde ich nie vergessen.
- Ich möchte mit dir wetten, dass ...
- Anstatt zu ....

- Viele Menschen begnügen sich nicht mit einem Gerät, sondern haben zwei.
- Immer neue Generationen von … kommen auf den Markt.
- Im Alltag liest man einen Text für die Arbeit oder aus Interesse.
- Eine gute Ausbildung ist eine Garantie für einen guten Job.
- Er zieht in die Stadt
- Er zieht auf dem Land
- die Gefährdung durch Seuchen, Hunger und Kriege
- begonnene Berufsausbildung
- Überprüfung der beruflichen Eignung
- Änderung der Ausbildung
- Berufschancen auf dem Arbeitsmarkt
- Wunschvorstellungen in der Kindheit
- Die körperliche Gesundheit und die gute Ernährung.
- Es geht um die persönliche Sinnfindung
- Gesellschaft und Umwelt
- Erfahrung der Leistungsgrenzen
- Die Vielfalt des Themas
- Ablehnung von patriotischer Denkweise
- Bedeutung von Traditionen
- persönliche Wurzeln
- persönliche Herkunft
- Heimatgefühle
- Geistige Verbundenheit und Gemeinsamkeiten
- Fremdheit und Heimatlosigkeit
- Soziale Struktur/ Hierarchie am Arbeitsplatz
- Verantwortung und Engagement für den Betrieb
- Bewertung des beruflichen Fortkommens
- Arbeitsleistung und Gesundheit
- Der Menschenhandel stellt eine schwere Verletzung der Menschenwürde und der Menschenrechte dar.
- Kampf gegen Menschenhandel
- Die sexuelle Ausbeutung von Kindern
- Die Tiere, die vom Aussterben bedroht sind.
- als Medium für die Völkerverständigung
- Negative Auswirkungen

- Positive Auswirkungen
- Stress bei der Arbeit
- Gefühl von Müdigkeit, Mattheit und Schwäche
- Ärger, Nervosität, Aggressivität und Unflexibilität
- Pünktlichkeit, Ordnung, Fleiß und Höflichkeit
- Vergesslichkeit und Fehler
- Reduzierung der Konzentrationsfähigkeit
- Höhere Arbeitsbelastung
- Mangelnde Managementfähigkeiten oder unklare Führung
- Druck vom Chef und Unverständnis für die Schwierigkeit der gegebenen Aufgaben.
- Unrealistische Zielsetzungen
- Unangenehme Kollegen und gemeiner Büroklatsch
- Personelle Unterbesetzung
- Auswandern ins Ausland
- theoretisch und praktisch
- Die Chancen auf dem Arbeitsmarkt sind durch die praktischen Erfahrungen gestiegen.
- Großer Altersunterschied zwischen den Eltern
- Vereinbarkeit von Berufstätigkeit und Kindererziehung
- Soziale Position (Stellung) und Selbstverwirklichung
- Internationalisierung des Studiums durch die englische Sprache
- ohne Karriereunterbrechung
- Ohne die Berufstätigkeit zu unterbrechen
- Selbstachtung und Selbstvertrauen
- das Selbstwertgefühl
- die Selbstzweifel
- Wir brauchen die Anerkennung und den Respekt von den Anderen.
- Wir sind auf der Sonnenseite des Lebens.
- Die Lebenszufriedenheit
- in den verschiedenen Lebensbereichen.
- Der innere Kritiker
- Der innere Faulpelz
- Das Aufschieben der Arbeit
- Verschiebe die Arbeit von heute nicht auf morgen!

- Die Hochschulen in Deutschland bieten immer mehr Studiengänge an.
- Dreidimensionale Produktionen
- Der Charakter des Menschen ist was wirklich zählt und nicht das äußere Aussehen.
- Die inneren Werte sind von großer Bedeutung.
- Für die nächsten Generationen
- Umweltfreundliche Maßnahmen
- Umweltschutz ist eine Aufgabe für alle.
- Aufklärungskampagnen in der Gesellschaft
- Globalisierung und Multikulturalität
- Drogen und Süchtigkeit
- Es schadet dem Menschen und verursacht gefährliche Krankheiten z.B. Krebs.
- leichtigkeit und Sorglosigkeit
- Ungleichgewicht in Bezug auf die Chancengleichheit
- Man kann das nicht einfach ignorieren
- Die Organspende
- Das Spenden von Organen
- Die gespendeten Organe
- Die Transplantation von Organen
- Die Haartransplantation
- Alkohol und Drogen führen zur Selbstzerstörung.
- Das kostenlose Herunterladen von Musik durch das Internet.
- Wertewandel im Lebenslauf
- Disziplin und Ausdauer sind ganz wichtig, wenn man etwas erreichen will.
- Es gibt eine starke Konkurrenz zwischen den ... n
- Es gibt keine Konkurrenz mit ...
- Der hohe Benzinpreis führt zu einer allgemeinen Teuerung und zum Verlust von Arbeitsplätzen.
- Genauigkeit und Pünktlichkeit
- Das stärkt die Eigenständigkeit und die Verantwortung
- Die Zahl der Einwohner
- Die Zahl der Geburten
- Die Zahl der Sterbefälle/ Todesfälle

- Der Geburtenüberschuss
- Das Durchschnittsalter
- Durchschnittsalter der Bevölkerung
- Die größe Bevölkerungsdichte
- Vorbereitung auf künftige/ zukünftige Herausforderungen
- Es traf sich, dass ...
- Es trifft sich gut, dass ...
- Es kann nun als sicher gelten, dass ...
- Ich bin begierig zu erfahren, wie ...
- Wie könnte ein vernünftiger Mensch sagen, dass ...?
- Ich habe die Erfahrung gemacht, dass ...
- Es steht fest, dass ...
- Es stand für ihn fest, dass ...
- Ich stelle fest, dass ...
- Aus Protest gegen ...
- Gegen ... protestieren.
- Die Wahrheit verdrehen.
- Hindernisse, die zu bedenken sind.
- Bitte, Verstehen Sie mich nicht falsch!
- Die Sache war nicht so leicht.
- Ein Problem von allen Seiten studieren.
- Die Alten und die Jungen
- Ich hoffe, dass dieser Vorfall unsere guten Beziehungen nicht beeinträchtigen würde.
- Er will das mit aller Macht verhindern.
- Es kommt zum Vorschein wieder
- Jetzt kommt ans Licht
- Ich versuche zu retten, was zu retten ist.
- bei Lieferung
- Die Lebenszufriedenheit erhöht sich, wenn man seine Pläne erfüllt und seine Ziele erreicht.
- Es gilt als der kommerzielle Höhepunkt des Jahres.
- Die gesundheitlichen Gefahren würden eingeschränkt.
- Abgesehen davon würde viel Geld gespart werden.
- gefährliche Folgen
- Die Gelegenheit nutzen/ nützen/ ausnutzen/ ergreifen

- Schlechte Ernährungsgewohnheiten
- Not und Elend
- Null und nichtig
- In vielen Ländern der Welt
- Ausbeutung des Menschen durch den Menschen.
- Im Unterschied zur Gesamtbevölkerung scheint für die jüngere Generation ...
- Probleme der Leserinnen und Leser.
- Schaffung von Arbeitsplätzen
- Steigerung der Produktivität
- Erhöhung der Leistung
- die Leistungsfähigkeit erhöhen
- Es ist wichtig für die Leistungsmotivation.
- Freundschaftliche Atmosphäre
- Worte reichen manchmal nicht aus, wenn man seine Gefühle beschreiben möchte.
- Es ist ihm keine andere Möglichkeit geblieben.
- Bitte haben Sie Verständnis dafür, dass ...
- Wenn Sie weitere Fragen haben, zögern Sie bitte nicht, mich zu kontaktieren.
- Dann sind Sie bei uns an der richtigen Adresse.
- Vielen Dank. Sie haben mir sehr geholfen.

Einfach Deutsch Lernen

Made in United States
North Haven, CT
06 April 2022

17959270R00109